C·H·Beck
PAPERBACK

von Horst+Lorr zum 74. Geburtstag

Hans-Ulrich Wehler hat mit seinem Buch *Die neue Umverteilung. Soziale Ungleichheit in Deutschland* im vergangenen Frühjahr Stoff für Diskussionen geliefert und einen Bestseller vorgelegt. Der Historiker, dessen *Deutsche Gesellschaftsgeschichte* zu den herausragenden Werken der jüngeren Geschichtsschreibung gehört, versammelt in regelmäßigen Abständen seine wichtigsten Essays und Aufsätze. Einen Schwerpunkt des neuen Bandes bildet die Frage nach den historischen Erfahrungen der Deutschen mit dem Kapitalismus. Aber auch die Sarrazin-Debatte, die Zukunft der Sozialgeschichte und ein kritischer Rückblick auf die Generation 45 gehören zu den Themen, denen sich Wehler diesmal widmet.

Hans-Ulrich Wehler, geb. 1931, war bis zu seiner Emeritierung Professor für Allgemeine Geschichte an der Universität Bielefeld. Neben seinem Hauptwerk, der fünfbändigen *Deutschen Gesellschaftsgeschichte*, hat er zahlreiche andere Bücher bei C.H.Beck publiziert, darunter zuletzt *Die neue Umverteilung. Soziale Ungleichheit in Deutschland* (^{4}2013).

Hans-Ulrich Wehler

Die Deutschen und der Kapitalismus

Essays zur Geschichte

Verlag C.H.Beck

Originalausgabe

© Verlag C.H.Beck oHG, München 2014
Satz, Druck u. Bindung: Druckerei C.H.Beck, Nördlingen
Umschlaggestaltung: malsyteufel, willich
Umschlagabbildung: © Tom Specht
Printed in Germany
ISBN 978 3 406 65945 4

www.beck.de

Inhalt

Vorwort 7

I.

1. Die Deutschen und der Kapitalismus 17
2. Die Vollendung des Rechtsstaats –
   Bewunderung und Sorgen eines Nichtjuristen 34
3. Die SPIEGEL-Affäre: 50 Jahre danach 44
4. Das Hitler-Regime: charismatische Herrschaft oder
   manipuliertes Propagandaprodukt? 53
5. Der miserable Stil der Sarrazin-Debatte 60
6. Wie hoch ist Europas «Preis der Freiheit»? 65

II.

7. Globalgeschichte ante portas: neue Herausforderungen für die Sozialgeschichte 71
8. Geschichtswissenschaft und Sozialwissenschaften 84
9. Rückblick und Ausblick: Politikwissenschaft und
   Geschichtswissenschaft 94
10. Eine Glanzleistung der modernen Kriegsgeschichte 106
11. Ehrung für Fritz Stern 109
12. Verhängnisvolle Attacke auf das Leistungsprinzip 112

III.

13. Nur ein Mythos des Neuanfangs? Die Generation '45 117
14. Die Mauer und die Jahre danach 123

15. Aufstiegsmobilität und Soziale Ungleichheit
    in der Bundesrepublik   134
16. Der Pyrrhussieg der Quotengegner   142
17. Forsthoff etwas konkreter   146
18. Alys neuer Irrweg   150
19. Gilt der «Primat der Sicherheit»?   154
20. Die neue Umverteilung – wachsende Ungleichheit
    in Deutschland   158

Anmerkungen   167

Bibliographische Notiz   170

Personenregister   171

Vorwort

Hiermit liegt der dreizehnte Sammelband von Aufsätzen und Essays vor, wie sie auch für die Vorläufer in ähnlicher Form zusammengestellt worden sind, um die Teilnahme an denkbar unterschiedlichen Diskussionen während der jüngst vergangenen Zeit zu dokumentieren.[1] Das geschieht natürlich in der Hoffnung, dass es neugierige Leser gibt, die sich für den Gang dieser Debatten, insbesondere für die dort von mir jeweils vorgetragenen Argumente interessieren. Wie bisher werden im strengeren Sinn wissenschaftliche Aufsätze, die während lohnender Kontroversen entstanden sind, mit tagespolitisch engagierten Essays verbunden. Diese Beiträge sind auf drei Abschnitte mit unterschiedlichen Schwerpunkten verteilt.

Im ersten Kapitel werden im Grunde Probleme der deutschen Politikgeschichte erörtert. An erster Stelle steht das spannungsreiche, auch von zahlreichen Vorurteilen geprägte Verhältnis der Deutschen zum Kapitalismus. Das ist ein weit gespanntes Thema, das mit großen Schritten abgegangen wird. Gegenüber der Marktgläubigkeit der ökonomischen Klassik wird der realistische Ansatz der deutschen Wirtschaftswissenschaft seit der Älteren und Jüngeren Historischen Schule der Nationalökonomie über Max Webers Sozialökonomik bis hin zur gegenwärtigen Kritik der hegemonialen Neoklassik im Stil von Wolfgang Streeck hervorgehoben und unterstützt. Das realitätsferne Modelldenken, der «Physikneid» (A. Hirschman) und die Prognosesucht der Neoklassik sind seit der großen Finanzkrise von 2008/09 gescheitert. Viele gute Gründe sprechen dafür, die deutsche Denkschule, die Herrschaftsverband und Wirtschaftsverlauf seit langem verbunden hat, endlich wieder aufzuwerten.

Im Kontrast zu dieser wechselhaften Einstellung zur modernen Wirtschaftsverfassung betont der Beitrag zur Festschrift für das Bundesverfassungsgericht aus Anlass seiner 60jährigen Existenz eine der dramatischen Erfolgsgeschichten der Bundesrepublik. Denn das nach dem Vorbild des amerikanischen «Supreme Court» geschaffene oberste Rechtsorgan hat sich durch seine rundum überzeugende Tätigkeit, nicht zuletzt in den zahlreichen umstrittenen Fällen, zur angesehensten Institution unseres Landes entwickelt. In einer historischen Perspektive verkörpert das Bundesverfassungsgericht die Vollendung des Rechtsstaats, wie er den Liberalen seit dem ausgehenden 18. Jahrhundert vorgeschwebt hatte, auf den sie aber so lange hatten warten müssen. Man kann daher gut verstehen, wenn in den Mitgliedsstaaten der Europäischen Union, die durchweg kein Verfassungsgericht besitzen, nicht wenige politisch aufgeschlossene Bürger uns um die Funktionstüchtigkeit des Bundesverfassungsgerichts beneiden.

Die Spiegel-Affäre vor fünfzig Jahren, als das Magazin von der Polizei überfallen und sein Herausgeber Rudolf Augstein mit wichtigen Mitarbeitern verhaftet wurde, ist dagegen mit keinem Ruhmesblatt für die deutsche Justizverwaltung verbunden. Nach ihrer Verletzung fundamentaler Rechtsgrundlagen endete der erbitterte Streit mit einem klaren Sieg für die Pressefreiheit. Und nicht nur das: Seither konnte sich die kritische Öffentlichkeit als neuartige Vierte Staatsgewalt durchsetzen, die neben Legislative, Exekutive und Judikative einen noch ungeschriebenen Verfassungsfaktor verkörpert.

Mit der Verfassung des Staates beschäftigt sich auch der nächste Beitrag, in dem Hitlers charismatische Herrschaft als Führerdiktatur gegen die Behauptung verteidigt wird, seine fleißig stilisierte Sonderstellung sei nur das manipulierte Propagandaprodukt einflussreicher, seit der Münchener Zeit in dieser Richtung aktiver Anhänger gewesen. Max Webers Lehre von der charismatischen Herrschaft eignet sich vielmehr vorzüglich dazu, um die Eigenart des Führerregimes zu erfassen.

Ebenfalls um eine Verteidigung geht es bei der Intervention in die Debatte um Thilo Sarrazins Bestseller, der 2010 die deutsche

Öffentlichkeit in einem verblüffenden Maße erregt hat. Anstatt sich auf seine Argumente einzulassen und ihn an gebotener Stelle zu kritisieren, hielten Spitzenfiguren der politischen Klasse wie auch Angela Merkel und Christian Wulff es für angebracht, das Buch ohne vorhergehende Lektüre abzuqualifizieren. Damit wurden unverzichtbare Standards der rationalen Diskussion verletzt, und deshalb verdienten Sarrazins Argumente, die über weite Strecken namentlich für Reformfreunde in der Bundesrepublik durchaus diskussionswürdig waren, entschiedenen Beistand.

Unter dem Titel, wie hoch Europas «Preis der Freiheit» zwischen 1990 und 2010 gewesen sei, geht es um die Präsentation der ersten deutschsprachigen Gesamtdarstellung dieser dramatischen Jahrzehnte im Stil einer exzellent geschriebenen Politikgeschichte.

Im zweiten Kapitel stehen Probleme der modernen Geschichtswissenschaft zur Debatte. In dem Streit um die vorrangige Geltung von Sozialgeschichte oder Kulturgeschichte betont der erste Aufsatz die neuartige Herausforderung durch die gegenwärtige Globalgeschichte, die wichtige neuartige Perspektiven eröffnet und damit vor allem auch den engen nationalhistorischen Rahmen überwindet, innerhalb dessen die Neuzeitgeschichte bisher durchweg in allen Ländern betrieben worden ist. Die Vorzüge des weltgeschichtlichen Ansatzes werden nachdrücklich betont, aber die Schwierigkeiten bei seiner Beherzigung, z. B. die erforderlichen Sprachkenntnisse, nicht verschwiegen.

In zwei eng zusammenhängenden Stücken wird das Verhältnis der Geschichtswissenschaft zur Soziologie und Politikwissenschaft diskutiert. Die Grundtendenz tritt in dem Plädoyer für die Bereitschaft zutage, dass die Historiker von diesen wichtigen Nachbarwissenschaften unverändert lernen können. Gleichzeitig werden diese an den Gewinn erinnert, wenn sie sich selber der historischen Argumentation – jedenfalls bereitwilliger als in letzter Zeit – öffnen.

Mit Christian Hartmanns Analyse des deutschen Ostkriegs von 1941/42 wird ein Glanzstück der modernen Kriegsgeschichte präsentiert, das sich durch drei Vorzüge auszeichnet: Es verficht eine scharfe Begrifflichkeit, es besitzt eine geradezu atemberaubend dichte empirische Basis, und es bietet eine ungewöhnlich abwägende Interpretation schwieriger Probleme, die dem Primat der Gerechtigkeit verpflichtet ist.

Hieran schließt sich eine Würdigung des amerikanischen Historikers Fritz Stern an, die aus Anlass der Verleihung der Ehrendoktorwürde durch die Universität Oldenburg entstanden ist. Stern gehört seit einem halben Jahrhundert zu der Spitzengruppe der amerikanischen Deutschlandexperten, welche die neuzeitliche deutsche Geschichte so nachhaltig angeregt haben. Gleichzeitig hat er sich als «Public Intellectual» unablässig in wichtige Kontroversen mit einem entschiedenen Urteil eingeschaltet. Es ist rundum erfreulich, dass sich nach der Universität Breslau in seiner Heimatstadt endlich auch eine westdeutsche Universität zu dieser Ehrung entschlossen hat.

Nach der Unterstützung dieser erfreulichen Entscheidung folgt ein polemisches Plädoyer zugunsten des Freiburger «Center of Advanced Studies» (FRIAS), das nach dem berühmten Princetoner Vorbild ein attraktives, leistungsfähiges Forschungszentrum aufgebaut hatte, aber plötzlich aufgrund eines unverständlichen Entschlusses einer Prüfungskommission vor dem Aus steht. Hier ist dringend Beistand für ein vielversprechendes Unternehmen geboten.

Die Essays im dritten Kapitel kommentieren unterschiedliche Debatten. Zunächst wird die mentalitäts- und sozialgeschichtliche Bedeutung der Generation '45 verteidigt – jener Generation von Intellektuellen: Sozialwissenschaftlern, Historikern, Juristen und nicht zuletzt Publizisten, die seit den späten 50er Jahren als einflussreiche «Meinungsmacher» agiert haben. Ihnen ging es nach der Erfahrung des Zweiten Weltkriegs, des Zusammenbruchs und des Neuanfangs darum, die zweite Chance, einen demokratischen Staat aufzubauen (nachdem das 1918/19 misslungen war), aktiv zu nutzen. Deshalb haben sie sich, was immer auch ihr Beruf war, als engagierte Teilnehmer in die öffentliche Diskussion eingeklinkt.

Ein weiterer Beitrag gibt einen kompakten Überblick über die deutsche Geschichte zwischen dem Mauerbau von 1961 und der Vereinigung der beiden Neustaaten von 1989.

Der folgende Essay kehrt zu einem Lieblingsthema des Verfassers zurück: der «Sozialen Ungleichheit» in der modernen deutschen Geschichte. Hier werden einige Grundlinien eingezeichnet, die soeben in seinem Buch über «Die neue Umverteilung» ausführlicher behandelt worden sind.

Lebhafter geht es in der Polemik zugunsten einer gesetzlich fixierten Frauenquote in den Vorständen und Aufsichtsräten der großen deutschen Unternehmen zu. Während die Zahl der Abiturientinnen, Studentinnen und Examenskandidatinnen (mit durchweg besseren Noten, als sie die jungen Männer aufweisen) stetig steigt, und hochqualifizierte junge Frauen auf dem Arbeitsmarkt vordringen, sollen ihnen Entscheidungspositionen in der Betriebshierarchie nach dem Urteil der Macho-Netzwerke weiter versperrt bleiben. Die Bundeskanzlerin, die reaktionäre Familienministerin und die FDP haben sich in einer unheiligen Allianz dem Vordringen der Frauen entgegengestellt. Dass diese Fehlentscheidung möglichst bald beseitigt wird, ist das Ziel dieser Intervention.

Der in manchen Juristenkreisen von einem wahren Nimbus umgebene Staatsrechtler Ernst Forsthoff ist unlängst noch einmal in den Zusammenhang des «Dritten Reiches», das er anfangs leidenschaftlich, auch wegen seiner radikal antisemitischen Stoßrichtung, begrüßt hatte, gestellt worden. Diese lohnende Kritik wird hier durch eine ausführlichere Beschreibung von Forsthoffs Antisemitismus, der ihn zum Schreibtischtäter der nationalsozialistischen Judenpolitik stempelt, aber auch durch eine Kritik andersartiger Veröffentlichungen in den 30er und 50er Jahren ergänzt.

Der Journalist und Holocaustforscher Götz Aly, der auf unterschiedlichen Ursachenfeldern die Genese und die Entwicklung der nationalsozialistischen Vernichtungspolitik gegenüber den Juden verfolgt hat, ist mit einem neuen Buch hervorgetreten, in dem er den Sozialneid der Deutschen von 1933 für ihren schließlich militanten Antisemitismus verantwortlich macht. Das ist ein irritierender Irrweg, denn natürlich hat es namentlich im Bildungsbürgertum Neid auf die jungen jüdischen Anwälte und Ärzte gegeben, die dem eigenen Nachwuchs Konkurrenz machten. Aber die historische Forschung hat längst so viele wichtigere Ursachen des deutschen Antisemitismus herausgearbeitet, dass die dramatisierte These vom allgegenwärtigen Sozialneid nur auf ein Nebengleis führt. Wer weiß, was uns als nächste Frucht Alyschen Erkenntnisfleißes blüht.

Der Marburger Historiker Eckart Conze hat eine eindrucksvolle Geschichte der Bundesrepublik in ihren ersten 60 Jahren (1949–2009) beschrieben und diese Geschichte unter die Interpretation gestellt, dass man sie am schlüssigsten unter dem «Primat der Sicherheit» erfassen könne. So wichtig aber auch die Sicherheitskategorie in ganz unterschiedlichen Dimensionen der Außen- und Innenpolitik weiterhilft, so wenig kann sie als Universalschlüssel zur komplexen Geschichte eines Neustaates mit einer furchterregenden Vergangenheit überzeugen.

Abschließend komme ich noch einmal auf eine Problematik zurück, die ich unlängst ausführlicher bearbeitet habe (Die neue Umverteilung. Soziale Ungleichheit in Deutschland, München 2013). Die Debatte über die hanebüchenen Korrekturen am neuen Armuts- und Reichtumsbericht der Bundesregierung veranlassten mich zu einer pointierten Stellungnahme in der ZEIT. Die Kritik blieb indes ohne Erfolg. Wirtschaftsminister Rösler, dessen FDP hoffentlich schon deshalb fortab unter der 5%-Marke bei Bundestagswahlen bleiben sollte, gelang es, offenbar mit

Unterstützung aus dem Kanzleramt, vor allem an zwei wichtigen Stellen den ursprünglich kritischen Text zu beschönigen. Der steile Antrieb des privaten Nettovermögens von ca. fünf Billionen, die vorwiegend beim obersten Dezil der Bevölkerung landeten, wurde ebenso kaschiert wie die anhaltende Spreizung der Einkommensschere, obwohl sie wegen der seit zehn Jahren nur in Deutschland anhaltenden Stagnation der Realeinkommen schlechterdings nicht zu leugnen ist. Warum lässt sich die kritische Öffentlichkeit eine solche Irreführung des Staatsbürgers bieten?

Für die Hilfe beim Korrekturlesen und bei der Anfertigung des Registers danke ich Olaf Kordwittenborg, Stefan Herklotz und Stefanie Steinmann, deren Beistand die Henkel-Stiftung erneut großzügig finanziert hat. Jutta Karweger gilt mein Dank für die maschinelle Herstellung des Textes, da ich unverändert alles mit der Hand schreibe. Detlef Felken im Verlag C.H.Beck schulde ich erneut einen herzlichen Dank für seine Mühe als aufmerksamer Lektor, und er gilt ebenfalls Ulrike Wegner für mannigfachen Beistand in Verlagssachen.

I.

1.

Die Deutschen und der Kapitalismus

Wer kennt heute noch den Nachfolger Kants? Das war Christian Jacob Kraus, der bis 1807 als Professor für Philosophie und Kameralistik an der Universität Königsberg lehrte. Dort sah er eine wichtige Aufgabe darin, dem Werk Adam Smiths, vor allem dessen «Wohlstand der Nationen», Geltung zu verschaffen. Deshalb gehörte er auch zu den frühen Übersetzern dieses Traktats von 1776. Sein Smithianismus erwies sich als besonders einflussreich, weil künftige preußische Beamte damals an einer Landesuniversität studiert und ihr Examen abgelegt haben mussten. Zahlreiche Beamte der Reformära haben daher bei Kraus studiert und dessen Kultbuch kennengelernt. Immer wieder verfocht Kraus sein enthusiastisches Urteil, «dass die Welt noch nie ein bedeutenderes Buch» als Smiths «Wohlstand der Nationen» gesehen habe, «seit der Zeit des Neuen Testamentes hat kein Werk segensreichere Wirkungen gehabt».

Smith hat bekanntlich den Begriff des Kapitalismus für die von ihm analysierte aufsteigende Wirtschaftsordnung noch nicht verwendet. Er sprach auch nicht von «capital», vielmehr von «stock», dem im zeitgenössischen England gängigen Begriff für den finanziellen Sockel aller wirtschaftlichen Unternehmungen. Kraus, durchaus kein begriffsgeschichtlich unerfahrener Autor, übersetzte «stock» mit «Verlag»! Das war eine ihm vertraute Unternehmensform mit häufig beträchtlichen Finanzmitteln. Begriffe wie Kapital oder Kapitalismus konnten mithin seine Leser und insbesondere seine Studenten bei ihm nicht kennenlernen. In gewisser Hinsicht lenkte Kraus auf eine weit verbreitete, langlebige, aber auch schon etwas altertümliche Unternehmensform hin, da er für «stock» keine vertraute, verständliche Übersetzung ins Deutsche fand.

Als wichtiger aber erwies sich der ideenpolitische Effekt seiner Smith-Verklärung. Das Haupt der schottischen Aufklärung hatte zwar ein eminent wirkungsvolles Plädoyer für eine möglichst weit reichende Autonomie des Wirtschaftssystems als – wie Smith es nannte – «einfaches System der natürlichen Freiheit» gehalten. Doch ließ er keinen Zweifel daran, dass nur der Staat im Stande sei, die dafür erforderlichen institutionellen Rahmenbedingungen zu schaffen und auf Dauer durchzusetzen, die eine freie Entwicklung der modernen Marktwirtschaft garantieren sollten: Zuverlässigkeit der Rechtsordnung und des staatlichen Gerichtswesens, Sicherheitsgewähr, öffentlich finanzierte Infrastruktur, Aufbau des Bildungswesens, staatliche Unterstützung im Fall von Außenhandelskonflikten usw. So gesehen enthielt Smith eine umfassende Interventionslehre für jene Entwicklungsländer, die ihre relative Rückständigkeit auf dem Weg zum Erreichen des englischen Modells überwinden wollten.

Dieses in der Smith-Rezeption oft übergangene Postulat, dass der Staat den institutionellen Rahmen als unverzichtbares Regelwerk für eine freiere wirtschaftliche Entfaltung schaffen müsse, besaß für künftige preußische Beamte eine besonders verlockende Attraktivität. Denn der «Blueprint» für eine aktive Entwicklungspolitik erhob die Repräsentanten des «bürokratischen Absolutismus», aber auch des bürokratischen Reformwillens zum Subjekt des sozialen Wandels, zum Energiezentrum einer zeitgemäß konzipierten Modernisierung. Zahlreiche bildungsbürgerliche Beamte haben sich während der Reformen zwischen 1807 und 1848 auf dieses programmatische Weltbild gestützt, da es die Leitvorstellung vom Primat der staatlichen Initiative im Kampf gegen relative Rückständigkeit nachdrücklich unterstützte. Erst am Ende des Reformwerks sollte ein weithin selbstgeregeltes Produktions- und Marktsystem dastehen.

Überdies machte ein weiterer Gesichtspunkt Smiths Gedanken so attraktiv. In der deutschen politischen Theorie hatte seit langem die Vorstellung, dass nur der Staat wahre «Libertät» gewähre, einen prominenten Platz gewonnen. Auch die Freiheit à la Smith konnte jetzt auf dieser Traditionslinie als staatlich gewährte und gesicherte neue «Libertät» verstanden werden.

Die staatsfreundliche Interventionslehre des schottischen Moralphilosophen wirkte aber auch deshalb so einleuchtend, weil sie an die vertraute Tradition des deutschen Kameralismus seit den Werken von Justi und Sonnenfels unmittelbar anknüpfen konnte. Kraus galt zurecht als dessen später Repräsentant. Denn nach dem Dreißigjährigen Krieg hatte diese einflussreiche Denkschule unter dem Begriff der «Wohlfahrtspolizey» dem Staat im deutschsprachigen Mitteleuropa neue Funktionen zugewiesen, um durch Reformen von oben die Verwüstungen des Krieges, welche die relative Rückständigkeit so dramatisch vertieft hatten, möglichst effektiv zu überwinden. Als Ziel dieser Frühform der deutschen Politischen Ökonomie stand ihren Exponenten die individuelle «Glückseligkeit» von erfolgreichen, selbstständigen Privateigentümern vor Augen, und die «gemeinschaftliche Glückseligkeit» garantierte dann das Gemeinwohl. (Das amerikanische Pendant zu dieser «Glückseligkeit» war übrigens der Begriff der «Happiness», und als der erste Entwurf der amerikanischen Bundesverfassung ursprünglich ganz unverblümt vom Ziel des «pursuit of property» sprach, wurde das sprachkosmetisch, aber zutreffend in «pursuit of happiness» abgemildert.)

Der deutsche Kameralismus mit seinem etatistischen Grundzug, den Alexander Gerschenkron für eine vertraute Reaktion auf Rückständigkeit gehalten hätte, ist folgerichtig an den Universitäten in die «Staatswissenschaft» des 19. Jahrhunderts verwandelt worden. Erst im späten 19. Jahrhundert setzte sich der Begriff der Volkswirtschaftslehre, dann der Nationalökonomie durch; erst jetzt erfolgte die institutionelle Trennung von den Juristen.

Diese Staatswissenschaft wurde auch durch den mächtigen Einfluss der Hegelschen Philosophie unterstützt. Hegel war bekanntlich ein engagierter Verfechter des Marktes und einer von hemmenden Fesseln befreiten Marktwirtschaft. Spätestens seit dem brillanten Buch von Georg Lukács über den «Jungen Hegel» (1954) wissen wir genau, welche umfassende Kenntnis der Schriften der schottischen Aufklärer, der Smith, Ferguson, Millar, Hegel sich angeeignet hat, wie entschieden er die Stoßrichtung ihrer Argumente teilte. In seiner «Rechtsphilosophie» von 1820 tritt dieses Engagement mit aller nur wünschenswerten Deutlichkeit zutage. (Und da Hegel in seinen Vorlesungen langsam sprach, gibt es mehrere wortgetreue Mitschriften von Studenten, deren Text mit der veröffentlichten, nicht nachträglich geschönten Version völlig übereinstimmt!) Ganz auf der Linie von Smith, aber auch seines eigenen Staatsverständnisses wies Hegel, der wegen der staatlichen Reformtätigkeit nach Preußen gegangen war, dem Staat die Aufgabe zu, das rechtliche Regelsystem für die neue Verkehrswirtschaft zu schaffen und auszubauen, sowie die Rechtssicherheit, die Infrastruktur, das Bildungssystem zu seiner genuinen Aufgabe zu machen. So gesehen ist es auch nicht überraschend, dass zahlreiche von Hegels Philosophie beeinflusste Juristen in der Frankfurter wie in der Berliner Nationalversammlung sowohl für eine freie Marktwirtschaft als auch für ihre permanente Unterstützung durch den Staat eintraten.

Die deutsche Staatswissenschaft sah sich dem herrischen Anspruch der schottisch-englischen Politischen Ökonomie gegenüber, die angeblich bis zum innersten Kern der Wirtschaftsordnung vorstoßende Theorie mit einem überzeugenden universalisierbaren Allgemeinheitsanspruch entwickelt zu haben. Theoretisch wie politisch verfocht sie von Ricardo bis Marshall in der Hochzeit der frühen englischen Klassik die Vorstellung, dass die optimale Funktionsfähigkeit des Kapitalismus erst in einem staatsfreien, selbstgeregelten Produktions- und Marktsystem verwirklicht werde. Den historischen Hintergrund dieser zugleich normativ und politisch aufgeladenen Zielutopie mit ihrem vehementen Anspruch auf empirische Gültigkeit bildete die im Grunde kurzlebige Ära des England begünstigenden Freihandels und seines weltweit praktizierten «Informal Empire» – zwei Phänomene, welche in der Tat die enorme Durchsetzungsfähigkeit der Wirtschaft in der englischen «Werkstatt der Welt» verrieten. (Wie weit aber im praktischen Leben die Kompromissfähigkeit reichte, zeigte sich z. B. in Indien, wo nach der Entmachtung der britischen «Ostindischen Gesellschaft» im Gefolge des großen Sepoyaufstandes seit 1857 der englische Staat die formelle Kolonialherrschaft übernahm und nicht lange zögerte, das gesamte riesige Eisenbahnsystem in staatlicher Regie und auf staatliche Kosten zu errichten, weil Privatinvestoren das risikoreiche gigantische Unternehmen nicht in Angriff nehmen wollten. Kein prinzipientreues Wort dazu von Autoren der Klassik.)

Gegenüber diesem durchaus mit Arroganz verfochtenen hegemonialen Anspruch auf den Besitz der wahren Theorie beharrte seit den 1840er Jahren die «Ältere Historische Schule» der deutschen Ökonomie – repräsentiert vor allem von Bruno Hildebrand, Karl Knies und Wilhelm Roscher, alle drei eminent sachkundige und weit belesene Gelehrte – auf ihrer Gegenposition. Diese stritt die proklamierte universelle Gültigkeit eines einzigen Theoriekorpus entschieden ab. Vielmehr beharrte sie auf der soziokulturellen Pfadabhängigkeit (wie wir heute sagen würden) der einzelstaatlichen Wirtschaftssysteme. Zu ihrer Interpretation gehörte aufgrund des wissenschaftlichen Konsenses, aber auch aufgrund ihrer deutschen Erfahrungen, die Präsenz und Gestaltungskraft, mithin ebenfalls das Interventionsrecht des staatlichen Akteurs. Dabei wussten sich diese Staatswissenschaftler durchaus in der Tradition des deutschen Kameralismus, aber auch der Smithschen und Hegelschen Aufwertung der staatlichen Aktivität. Eine möglichst völlig staatsfreie Wirtschaft stellte in ihren Augen ein realitätsfernes Hirngespinst dar.

Während in der internationalen Theoriediskussion der Einfluss der englischen Klassik stetig anwuchs, beharrte die einflussreiche «Jüngere Historische Schule» der deutschen Ökonomie auf der dezidierten Kritik an der vermeintlich universell gültigen englischen Volkswirtschaftstheorie. Sie insistierte auf der entscheidenden, ihr diametral entgegengesetzten Denkfigur, dass die moderne kapitalistische Entwicklung, folglich auch ihre Theorie, nicht ohne die Schutzgewalt, Gestaltungskraft und Herrschaftsmacht des Staates verstanden werden könne, aus empirisch fundierter Einsicht auch gar nicht erst so gedacht werden solle. Ohne Staat keine Rechtssicherheit, keine Garantie von Eigentumsrechten, kein Patentwesen, kein Aktienrecht, keine Freizügigkeit, keine Außenhandelspolitik. Und schließlich war für diese neue Generation, der Lorenz v. Steins früher Ruf nach dem «socialen Königtum» oder dem «socialen Staat» geläufig war, einzig und allein der Sozialstaat imstande, die Disparitäten des kapitalistischen Wirtschaftsprozesses durch sein gesetzliches Regelwerk und seine Transferleistungen auszugleichen. Wie und warum hätte in einer solchen Denktradition, erst recht angesichts der Gegenwartsprobleme, von dieser jüngeren Generation der Staat aus der Wirtschaftstheorie des Kapitalismus verbannt werden sollen?

Zu dieser zweiten Führungsgruppe gehörten die Spitzenkräfte der Staatswissenschaft oder jungen Volkswirtschaftslehre: Schmoller, Weber und Sombart, Wagner, Brentano und Knapp u. a. Sie stellten eine intellektuell eindrucksvolle Verteidigungsgarde, die sich dem Vordringen der englischen Lehre entschieden entgegenstellte. Als sie sich überdies 1873 im «Verein für Socialpolitik» eine handlungsfähige Lobby schuf, gewann sie weiter an Einfluss. Und da in ihr der Typus des «politischen Professors» dominierte, wirkte sie durch ihre engagierte Publizistik auch auf die allgemeine Öffentlichkeit, auf deren Begriffswelt und Wertvorstellungen ein. Vermutlich besaß sie in den Jahrzehnten vor 1914 tatsächlich die angestrebte Meinungs- und Deutungshoheit in den bürgerlichen und konservativen Milieus. In nuce galt für sie, dass der kapitalistische Entwicklungsprozess ohne den Staat nicht zu denken sei. Sie hielt einen staatsfreien, lückenlos selbstgeregelten Wirtschaftsprozess für eine Illusion, ja für eine eklatante Verletzung des Realitätssinns, überdies für eine Verweigerung der Einsicht in die sozialstaatlichen Aufgaben zeitgenössischer westlicher Staaten gleich welcher Regimeform.

Durchweg waren die Mitglieder der «Jüngeren Historischen Schule» keine Feinde der Marktwirtschaft, sie sahen aber deutlich, dass der Markt die zyklischen Bewegungen von Konjunktur und Krise weder selber kontrollieren noch die von ihm verschärfte Soziale Ungleichheit selber korrigieren konnte. Wer anders aber als der Staat konnte für die Bearbeitung solcher schwieriger Aufgaben mobilisiert werden? Wo gab es eine überlegene Alternative zur Staatsintervention als Antwort auf Wachstumsprobleme und ihre systemgefährdenden sozialen und politischen Spannungen? Im Grunde hielten sie ihre Deutung des modernen Wirtschaftslebens für ungleich realitätsgerechter als die englische Klassik. Deren Führungsanspruch begegneten sie mit einem keineswegs geringeren Selbstbewusstsein. Der Preis allerdings, den sie für ihre Position zahlen mussten, trat in der allzu positiven Beurteilung der Staatsintervention, im Vertrauen auf seine durchweg wohltätigen Folgen, manchmal in einem nahezu hegelianischen Etatismus zutage.

Überdies sperrte sich der allzu häufig praktizierte wirtschaftshistorische Empirismus, wie er von der großen Schülerschaft Schmollers, auch von ihrem Meister selber, verfolgt wurde, gegen die Formulierung allgemeiner Hypothesen von prognostischer Relevanz. Das aber galt der gesamten Neoklassik, die zunehmend auf verfeinerte Prognostik und daher auch auf die Mathematisierung ihrer Aussagen zielte, als fatales Manko.

Dennoch: Wer heute noch einmal Schmollers imponierendes Kompendium, seinen «Grundriss der Allgemeinen Volkswirtschaftslehre», liest, diesen Thesaurus des zeitgenössischen Fachwissens, kommt nicht umhin, die Weite der Gesichtspunkte und die Überzeugungskraft vieler Argumente zu bewundern. Der als Innovation auftretende «Neue Institutionalismus» unserer Gegenwart wirkt wie eine Reprise, wie eine Rückkehr zu Schmollers Kategorien; ihm wäre die vermeintliche Neuheit vertraut gewesen, wie die Kritik am inzwischen überholten Idealtypus der «Rational Choice». Für manche von uns haben Max Webers Beiträge zu seinem Konkurrenzunternehmen, dem «Grundriss der Sozialökonomik», überhaupt zur zeitgenössischen Kapitalismusdebatte, Schmoller und die anderen Koryphäen der «Jüngeren Historischen Schule» überstrahlt. Aber Weber wusste genau, warum er Schmoller für den lohnenden Hauptkontrahenten in manchen Kontroversen hielt. (Übrigens hat die neuere Wissenschaftsgeschichte Schmoller als erkenntnistheoretisch versierten Sieger in der berühmten Kontroverse mit Carl Menger herausgearbeitet, da er keineswegs als naiver Wirtschaftshistoriker – so die Legende der wirtschaftswissenschaftlichen Lehrbücher – einem überlegenen Theoretiker unterlag, sondern die Wissenschaftstheorie von John Stuart Mill teilte, in gewisser Hinsicht ein Popper-Anhänger avant la lettre war.)

Kurzum: Die «Jüngere Historische Schule» hat in der berühmten Kapitalismusdebatte vor 1914 ein Verständnis dieses Evolutionsprozesses verfochten, in dem auch der Staat als mächtiger, unverzichtbarer Akteur weiterhin im Mittelpunkt stand. Die Kosten dieser Grundüberzeugung aber traten, noch einmal, darin zutage, dass die relative Autonomie mancher wirtschaftlicher Prozesse oft geleugnet, der Glaube an die staatliche Regulierungsdichte übertrieben, die staatliche Gestaltungspotenz bis hin zu einer neuen Staatsmetaphysik überschätzt wurde. Auf jeden Fall hat diese traditionsreiche Vorstellung die Ausbreitung jenes naiven Kapitalismusglaubens, der sich damals vor allem in England und Nordamerika ausbreitete, in Deutschland abzublocken geholfen.

Ungefähr gleichzeitig mit der Gedankenwelt der «Jüngeren Historischen Schule» drang mit ungleich härterer Vehemenz die

Marxsche Kapitalismuskritik als Kampf- und Emanzipationslehre auch des deutschen Proletariats im Kaiserreich rasch voran. Marx hatte zwar den Begriff Kapitalismus nicht erfunden. Vielleicht war Louis Blanc tatsächlich der Erste, der ihn 1850 in systematischer Absicht gebraucht hat. Doch durch Marx wurde er zum Schlüsselwort einer gesellschaftskritischen Semantik, der Millionen in der organisierten deutschen Arbeiterbewegung anhingen – immerhin stellte sie vor 1914 die größte sozialdemokratische Partei und Gewerkschaftsmacht der Welt.

Nicht nur hat Marx' furiose Kritik, die in der Publizistik und Agitation der Sozialdemokratie tausendfach wiederholt, verstärkt, auch vulgarisiert wurde, die «kapitalistische Produktionsweise» radikal diskriminiert. Vielmehr wurde auch der Staat als Handlanger dieses Systems ebenso kompromisslos abgewertet. War er für die «Jüngere Historische Schule», überhaupt für die Staatswissenschaft, ein wohltätiger Garant des Gemeinwohls, nahm er sich aus der Sicht der frühen Sozialdemokratie geradezu als serviler Agent des übermächtigen Kapitalismus aus. Führende Köpfe des Reformismus und Revisionismus, Eduard Bernstein und Georg v. Vollmar etwa, hatten daher intern große Schwierigkeiten zu überwinden, als sie für die staatliche Sozialpolitik, damit aber auch für die Reformfähigkeit des verachteten Kapitalismus warben. Sollte doch auf einmal der gefügige Knecht des Hauptfeindes als nützlicher, ja unentbehrlicher Helfer in eigener Sache anerkannt werden.

Aufs Ganze gesehen hat jedenfalls die Marxsche Kapitalismuskritik und Staatsskepsis unter Millionen Deutschen eine denkbar pessimistische, sogar feindselige Vorstellung von jenem Wirtschaftssystem erzeugt, in dessen Räderwerk sie sich tagtäglich eingespannt fanden. In diese riesige Kritikerschaft konnte daher die wohlwollende Kapitalismustheorie der englischen Klassik nicht einmal von ferne eindringen. Sieht man die Anerkennung des staatlichen Akteurs, wie sie die deutsche Ökonomie und Staatswissenschaft in ihrer pointierten Absetzung von dieser

Klassik kultivierte, zusammen mit der rigorosen Ablehnung des Kapitalismus durch die marxistische Linke, versteht man besser, warum nicht nur die ökonomische Klassik, sondern auch der Kapitalismus als System und Begriff in Deutschland auf eine solche Resistenz trafen.

Nach dem Ersten Weltkrieg, der die Kapitalismusfeindschaft im linken politischen Spektrum enorm vertieft, aber auch Positionen der Historischen Schulen der Ökonomie untergraben hat, haben die Folgen der Weltwirtschaftskrise seit 1929, etwa die acht Millionen Arbeitslosen, den Kapitalismus vermutlich noch intensiver diskreditiert, als das die linke Theoriediskussion vermocht hatte. Überhaupt ist das Zeitalter des «Zweiten Dreißigjährigen Krieges» von 1914 bis 1945 der Höhepunkt des deutschen Antikapitalismus gewesen, der sich nicht nur bei der Linken, sondern auch auf der Rechten, bei Sombart, Freyer, Schmitt, Heidegger, Gehlen, Jünger, von den NS-Ideologen ganz zu schweigen, niederschlug.

Aber nicht nur wegen dieser Zäsur bemühte sich der sogenannte «Ordoliberalismus» der Eucken, Rüstow, Müller-Armack um eine neue realitätsgerechtere Theoriekonzeption. Auch in der Marktwirtschaftslehre der Freiburger Schule blieb eine unverblümte Anerkennung der staatlichen Ordnungsaufgabe und Steuerungskompetenz erhalten, wie sie durchaus der deutschen Tradition des Kameralismus, der Smith- und Hegel-Deutung, der Staatswissenschaft und der beiden Historischen Schulen der Nationalökonomie entsprach. Die Ordoliberalen dachten gar nicht daran, einer völlig autonomen, zu unbegrenzter Freiheit entfesselten «Verkehrswirtschaft» (wie Eucken den Begriff Marktwirtschaft dezidiert vermied) das Wort zu reden, sondern legten großen Wert auf die Leistungsfähigkeit der staatlichen Ordnungs- und Interventionsfunktionen. Sie sind in dieser Hinsicht oft missverstanden worden. Aber Müller-Armacks ungemein folgenreiche Zauberformel von der «Sozialen Marktwirtschaft» meinte mit «sozial» keineswegs eine sozialstaatlich abgefederte, sondern die unter klugem politisch-gesellschaftlichen Ordnungseinfluss operierende Marktwirtschaft. Deshalb sprach er bis 1947 konsequent von der «gesteuerten Marktwirtschaft», ehe er zu der neuen Version überging!

Dieser Leitvorstellung entsprach auch, grosso modo, trotz aller dominant wirkenden endogenen wirtschaftlichen Dynamik seit dem «Wirtschaftswunder», die Realität der westdeutschen Wirtschaftspolitik. Unzählige staatliche Gesetze bis hin zur keynesianischen, nicht mehr ordoliberalen Konjunktursteuerung à la Karl Schiller und zur Außenhandelsförderung schufen jenen Rahmen, in dem sich die wirtschaftliche Aktivität bewegte. Diese deutsche Variante der liberalen Wirtschaftstheorie, der Ordoliberalismus, dominierte mindestens zwei Jahrzehnte lang, vom explosiven wirtschaftlichen Aufschwung wie eine Bestätigung seiner Lehre massiv unterstützt, die Wirtschaftswissenschaftlichen Fakultäten der Bundesrepublik, ihre großen Forschungsinstitute, ihre Expertengremien. Es gab zwar Streit um vermeintliche staatliche Fehlentscheidungen oder um den schädlichen Einfluss mancher egoistischen Lobby, doch keine allgemeine Negation einer sachgerechten staatlichen Aktivität. Außerdem gelang dem Schlüsselbegriff der «Sozialen Marktwirtschaft» ein durchschlagender sprach- und ideenpolitischer Erfolg: Er verbannte den seit langem diskreditierten Begriff Kapitalismus aus der Wissenschafts- und Umgangssprache. Er musste seit den späten 1960er Jahren, zumindest in der Diskussion der Wirtschafts- und Sozialgeschichte, gegen diese Hegemonie wieder einigermaßen mühsam eingeführt werden.

Erst seit den späten 1970er Jahren brach der Marktfanatismus der ideellen Wegbereiter des künftigen Turbokapitalismus in die Theoriedomäne der deutschen Wirtschaftswissenschaft, dann allmählich auch in die Arena der öffentlichen Meinung ein. Dieser Vorstoß wurde auch dadurch begünstigt, dass die keynesianische Konjunktursteuerung keinen überzeugenden Erfolg gezeitigt hatte. Die Schlüsselfiguren der neuen Heilslehre waren Ludwig

v. Mises, Friedrich August v. Hayek und Milton Friedman. Die beiden ersten – österreichische Ökonomen mit Breitenwirkung erst, nachdem sie Lehrstühle in England und den USA eingenommen hatten – spitzten die Wiener Theorietradition auf einen neoliberalen Marktmonismus zu, dem die totale Verbannung des Staates aus dem Wirtschaftsleben als Optimum galt. Beide wurden durch das Scheitern der österreichischen Kriegswirtschaft im Ersten Weltkrieg und die anschließenden chaotischen Anläufe zu einer Verstaatlichungspolitik tief beeinflusst. Der Zweite Weltkrieg, die Wirtschaftspolitik des NS-Regimes und der Sowjetunion haben ihre Grundannahmen nur noch bestätigt. Der Einfluss in Amerika bedurfte freilich einer längeren Inkubationszeit, doch seit den 1970er Jahren nahm er sprungartig zu. Die kluge Position von John Maynard Keynes gegenüber dem Interventionsstaat galt ihnen zunehmend als verhängnisvolle Abirrung vom Pfad der reinen Markttugend. In Europa wirkte die von Hayek mitbegründete «Mount Pèlerin Society» als zielstrebige Lobby ebenfalls auf die Erringung der Meinungsführerschaft hin.

In den USA wiederum, wo entgegen allem massiven Staatsinterventionismus (z. B. beim Eisenbahnbau und in Gestalt der Hochschutzzölle) das Weltbild von der Überlegenheit der freien Marktwirtschaft (nach einem kurzen keynesianischen Intermezzo unter Kennedy) weiterhin dogmatische Geltung besaß, wurde Friedman zum einflussreichsten Propheten des Neoliberalismus. Als es dieser Strömung gelang, sich in der Politik von Thatcher und Reagan durchzusetzen, drang der staatsfeindliche, marktbesessene Neoliberalismus nicht nur in der deutschen Wirtschaftswissenschaft ebenfalls vor, sondern sickerte auch mit zunehmender Stärke in die öffentliche wirtschaftspolitische Diskussion ein, bis er schließlich zusehends Anhänger sogar in der SPD fand. Die in der Bundesrepublik beispiellose Regelungsdichte staatlicher Gesetze und kommunaler Verordnungen lud freilich auch zu einem befreienden Zurückschneiden des Wildwuchses ein.

In mancher Hinsicht kulminierte die neue Marktdogmatik in dem Verzicht auf die sorgfältige Überprüfung der neu erfundenen toxischen Finanzmarktinstrumente, damit aber letztlich im Kollaps des internationalen Finanzmarktsystems. Diese Konsequenz des entstaatlichten Turbokapitalismus hatte übrigens Helmut Schmidt im 5. Kapitel seiner Erinnerungen «Außer Dienst» (2008) mehrere Monate vor dem Ausbruch der Krise bis ins Detail hinein mit aller nur wünschenswerten, geradezu verblüffenden Präzision vorausgesagt. Überhaupt kann keiner im Ernst behaupten, dass die Gefahren nicht vorherzusehen gewesen wären.

Diejenigen deutschen Fürsprecher des «Raubtierkapitalismus», wie Schmidt gerne sagt, die sich als Speerspitze eines zukunftsgewissen Fortschritts empfanden, müssten jetzt nach dem Absturz in die tiefste Krise seit 80 Jahren – wenn nicht die tiefste überhaupt – eigentlich den Realitätssinn der Historischen Schule der deutschen Ökonomie anerkennen, die sich empirisch und normativ den Protagonisten der «Schönen Neuen Welt» des staatsfreien Kapitalismus als überlegen erwiesen hat. Abgesehen von den viel diskutierten Regulierungsmechanismen, mit denen die G 20 eine Wiederholung des Absturzes vermeiden wollen, wartet auch auf die deutsche Wirtschaftswissenschaft die gewaltige Herausforderung, nach der Diskreditierung der neoklassischen Marktdogmatik eine zeitgemäße Theorie zu erarbeiten, in der die Verfechtung elastischer Spielräume für den Wirtschaftsprozess mit der Anerkennung staatlicher Ordnungsfunktionen endlich möglichst vorurteilsfrei wieder verbunden wird. Diese Anerkennung muss deshalb umfassender als zuvor ausfallen, weil es außer dem Staat ganz offensichtlich keinen anderen ebenso mächtigen Akteur «of last resort» gibt, der die akute Krise zu bewältigen helfen kann. Die zwischen Staatsapparat, Parlament, Interessenverbänden und Wirtschaftsunternehmen vermittelnden korporativen Steuerungsgremien können letztlich, ungeachtet aller Machtkompromisse, ohne die staatliche Sanktionsgewalt auch keine Wirkungskraft entfalten.

Natürlich wirft die Faszination, die der Neoliberalismus in seiner kurzlebigen Epoche auf die unterschiedlichsten Lager und Milieus in einem erstaunlichen Maß ausgeübt hat, namentlich für Jüngere die Frage nach den Gründen seiner zeitweilig verblüffenden Geltungskraft auf. Man könnte bei der Ursachenanalyse dieses einflussreichen Weltbildes zum Vergleich Phänomene wie den Sozialdarwinismus und die «Volksgemeinschaft» heranziehen, die auch so viele Zeitgenossen in ihren Bann geschlagen haben, um damit die Überzeugungskraft ideologisierter Ideen zu demonstrieren, die manchem nach ihrer historischen Zeit so schwer verständlich erscheinen.

In der deutschen Öffentlichkeit, in der trotz der Beschwörung der turbokapitalistischen Erfolge und Globalisierungsgewinne die historisch tief verwurzelten Vorbehalte gegenüber der neoliberalen Marktwirtschaft gespeichert blieben, können der ökonomische Einbruch und der theoretische Klimawechsel ambivalente Reaktionen auslösen. Sie richten sich bereits gegen die unvermeidliche Reform des perfektionierten Sozialstaats im Rahmen der Agenda 2010, obwohl diese die deutsche Krisenpolitik bisher so resistenzfähig gemacht hat. Vor allem aber können sie jenem traditionsreichen Etatismus neuen Auftrieb geben, der in der Mentalität noch immer weithin verankert ist. Von den Gewerkschaften über den linken SPD-Flügel bis hin zur Linkspartei wird dieser nostalgische Etatismus ja schon wieder verfochten. Wer heutzutage im «Spiegel» das Etikett «neokonservativ» verpasst bekommt, kann das in zweifacher Hinsicht verstehen: Entweder ist die Renaissance eines naiven Staatsvertrauens gemeint, welches z. B. das chaotische Versagen der staatlich dominierten Landesbanken schlechthin verdrängt. Oder aber es ist die Rückkehr zu einer nicht minder naiven Marktgläubigkeit gemeint, die angesichts der jüngsten Entwicklung ebenso konservativ wirkt.

Wie immer solche Etikette heutzutage gehandelt werden, fortab stehen zentrale Probleme zur Debatte, die zu einer Aufwertung der älteren deutschen Theorietradition und Kapitalismusanalyse beitragen. Unstreitig bleibt der Markt die ingeniöse Erfindung eines global funktionierenden Kommunikationssystems, das Informationen und Innovationen besser reguliert als alle anderen bisher bekannten institutionellen Alternativen. Doch die neoliberale Utopie von einer Marktgesellschaft katexochen, in der ohne jeden staatlichen Eingriff alle Konflikte und Krisen durch die kompromisswillige Verständigung der wirtschaftlichen Akteure aufgelöst werden, so dass durch einen klugen Interessenausgleich letztlich auch das Gemeinwohl gefördert wird – diese Fata Morgana ist durch die Entwicklung der letzten Jahrzehnte dramatisch dementiert worden. Die Sozialökonomik Webers und seiner Mitstreiter ist, wenn man sie überhaupt wahrgenommen hat, von der Neoklassik durchweg als völlig antiquierter Ansatz verurteilt worden, aus dem am besten die zahlreichen nichtökonomischen Elemente in die ceteris-paribus-Klausel verbannt werden sollten, damit man es allein mit dem wirtschaftlichen Kern als nervus rerum zu tun hatte. Ganz ähnlich sind die staatsfreundlichen, ja oft staatszentrierten Denkfiguren des deutschen Kameralismus, der Smith- und Hegel-Rezeption, der Historischen Schulen der deutschen Ökonomie als völlig überholter Traditionalismus verketzert worden.

Doch heute stehen die Denkschulen der Sozialökonomik und der historisch fundierten deutschen Ökonomie auf einmal als realitätsnäher als jener Marktdogmatismus da, der als Basis des Casinokapitalismus fungiert. Schmoller und Weber etwa erweisen sich im Vergleich mit Hayek und Friedman als Wissenschaftler mit einem ungleich weiteren Horizont und schärferen Realitätssinn. Der Beweis für diese Behauptung wird freilich auch darin zu suchen sein, von welchen ungehobenen Schätzen der Historischen Schule heute nicht nur das allgemeine Kapitalismusverständnis, sondern auch eine realitätsadäquate Theorie profitieren könnte. Fraglos gibt es auch gravierende, erst noch zu überwindende Lücken, z. B. – um nur eine zu nennen – die

Schmollers und Webers Generationen unbekannte Bedeutung internationaler Institutionen wie der Weltbank, dem Internationalen Währungsfonds, der Europäischen Union, die neben den Nationalstaat als wirtschaftspolitische Akteure getreten sind.

Auf der anderen Seite könnte die Kritik einer Historischen Sozial- und Wirtschaftswissenschaft, wie sie Wolfgang Streeck soeben in seinem neuen brillanten Buch «Re-Forming Capitalism» gefordert hat, an den eklatanten Schwachpunkten der dogmatischen Neoklassik ansetzen.

Dazu gehört z. B. die starrsinnige Prognosefixierung, die Albert Hirschman mit einer glänzenden Formulierung als «Physikneid» der Ökonomen, die auf die imponierende Architektonik der Newtonschen Physik als Vorbild gestarrt hätten, angeprangert hat. Ein vertieftes historisches Verständnis des Kapitalismus à la Streeck wäre doch ungleich wichtiger als das Sammelsurium von immer wieder scheiternden, auf wenigen Variablen beruhenden Vorhersagen.

Dazu gehört z. B. die Verabschiedung des Equilibriums, sofern es nicht als heuristische Annahme für eine Momentaufnahme, sondern als realhistorischer Trend missverstanden wird. Historikern leuchtet vielmehr Streecks Forderung unmittelbar ein, dass an Stelle des vermeintlich zum Equilibrium tendierenden Wirtschaftssystems der dynamische historische Prozess zur Zentralkategorie aufsteigen sollte. Schließlich konnte diese Dynamik des kapitalistischen Entwicklungsprozesses bisher nie aus Gleichgewichtskonstellationen erklärt werden.

Dazu gehörte z. B. die Kritik an der in den letzten Jahren dominierenden Denkfigur des «Rational-Choice»-Ansatzes, der einen schlichten, seit Adam Smith vertrauten verhaltenspsychologischen Idealtypus mit der Erklärung zahlloser komplexer Probleme überfrachtet hat.

Die erste Conclusio: Was von der Klassik und Neoklassik lange Zeit als ein in die Irre führender deutscher Sonderweg der ökonomischen Theorie verachtet worden ist, erweist sich heute als ein Ensemble von Kategorien, zu dem zurückzukehren sich offenbar lohnt. Aus methodischen Gründen mag es sich manchmal empfehlen, «die» Wirtschaft als autonomen Bereich zu konstruieren. Doch theoretisch kann es ohne die Anerkennung der permanenten dialektischen Wechselwirkung zwischen politischem Herrschaftsverband und kapitalistischem Wirtschaftssystem zu keiner realitätsgerechten Erfassung komplexer Probleme kommen. Mit dieser Anerkennung besitzen aber die historisch denkenden deutschen Gelehrten des 19. Jahrhunderts noch immer einen imponierenden Vorsprung vor der großen Menge der Klassikanhänger mit ihrer deprimierenden Zufriedenheit mit wenigen «Variablen», ihrem Prognosefanatismus, ihrem «Physikneid». Wie der Kapitalismus seit jeher nur in engster Wechselwirkung mit dem Herrschaftsregime, vollends dann mit dem neuzeitlichen Staat existiert hat, so ist er heute erneut nur überlebensfähig, wenn der staatliche Akteur zu seiner Rettung eingreift. Fraglos steht inzwischen nicht mehr der mächtige Staatsapparat der kapitalistischen Wirtschaft als Entscheidungsträger gegenüber, da er vielmehr mit diesem Partner und Kontrahenten zahlreiche Entscheidungen in einem komplizierten Vorgang aushandeln muss. Trotz dieser Veränderung des Entscheidungsprozesses bleibt aber der Einsatz der Staatsgewalt das entscheidende Element.

Die zweite Conclusio: Im Hinblick auf die Analyse des Kapitalismus scheint es daher endlich wieder einmal einen deutschen Sonderweg zu geben, den einzuschlagen der Zustand der internationalen Wirtschaft und des Theorieversagens geradezu aufdrängt. Wer sich heute der «Geschichte des Kapitalismus» zuwendet, sollte daher nach einer kritischen Absetzbewegung von der Neoklassik beherzt jenen Wegweisern folgen, die ihn mit guten Gründen auf diesen Sonderweg der Kapitalismusanalyse im Stil einer historischen Sozial- und Wirtschaftswissenschaft erneut hinlenken.[1]

2.

Die Vollendung des Rechtsstaats –
Bewunderung und Sorgen eines Nichtjuristen

Der liberale Rechtsstaat, diese großartige Zielutopie der besten progressiven Köpfe in mehreren Generationen, ist in Deutschland im Grunde 1949 als Amerikaimport in Gestalt des Bundesverfassungsgerichts abschließend realisiert worden. Denn erst die mit dem Grundgesetz geschaffene neue Institution eines obersten Verfassungsgerichts, unstreitig eine Kopie des amerikanischen «Supreme Court», hat als letztinstanzliches Entscheidungsgremium die seit langem angestrebte Herrschaft des Rechtsstaats vollendet. Bis dahin hatte man ihn während seiner langen Entwicklungsgeschichte in unterschiedlichen Formen als schrittweise erfolgende Annäherung an die Idealvorstellungen der liberalen Verfassungstheorie aufgebaut. Dieser Staatstypus sollte die Leitideen der effektiven rechtlichen Zähmung und Einhegung der politischen Gewalt verwirklichen, den autoritären Staat in der Extremgestalt des Leviathans oder Behemoths verhindern.

Im Gehäuse des vordemokratischen Regimes, dem Regelfall deutscher Politik im 18. Jahrhundert, musste sich der liberale Entwurf des Rechtsstaats mit den Gegebenheiten der mitteleuropäischen monarchisch-aristokratischen Staatenwelt arrangieren, der es zunächst geschriebene Verfassungen abzuringen galt. Im Vormärz, dann während der Revolution von 1848/49 wurde der Rechtsstaatsgedanke mit den Ideen der Volkssouveränität und Demokratie aufgeladen, ohne dass doch diese zukunftsgewisse Vision schon realisiert werden konnte. Vielmehr herrschte in der verfassungspolitischen Realität die Gestalt des konstitutionell-monarchischen Rechtsstaats bis zum Ende des Ersten Weltkriegs vor. Manche Leistungen im Rahmen dieser spezifischen Form des Rechtsstaats sind freilich, dies gegen voreilige Kritik, nicht gering zu schätzen. So erlaubten etwa die Erfindung und der Ausbau des neuen Verwaltungsrechts – man denke nur an Otto Mayers epochemachendes Werk von 1895 – eine in anderen westlichen Ländern so nicht existierende strenge Kontrolle bürokratischer Entscheidungen zugunsten des vorher benachteiligten Staatsbürgers.

Ein demokratischer Rechtsstaat kam dann in Deutschland zum ersten Mal mit der Weimarer Reichsverfassung von 1919 zum Zuge. Diesem Vorbild hat sich die verfassungsgebende Versammlung von 1948/49 angeschlossen – allerdings mit zwei folgenreichen Ergänzungen. Der in ihrem Grundgesetz vorgeschriebene liberal-demokratische Rechtsstaat wurde zum Einen durch den sozialen Rechtsstaat ergänzt, der über den Schutz der Freiheits- und Eigentumsrechte hinaus zum Zweck des sozialen Ausgleichs den Eingriff in die Güterordnung und den Distributionsprozess legitimiert. Zum Anderen wurde nach den erbitterten Grundsatzkonflikten der Weimarer Republik mit dem Bundesverfassungsgericht (BVG) eine souveräne Entscheidungskompetenz konstruiert, die in gravierenden Auseinandersetzungen das letzte Wort in Anspruch nehmen durfte.

Die Etablierung des BVG war zunächst, trotz der deutschen Tradition richterlicher Entscheidungsvollmacht, ein Experiment mit durchaus ungewissem Ausgang. Im Rückblick nach sechs Jahrzehnten ist daraus aber eine der großen Erfolgsgeschichten der Bundesrepublik – eines zunächst jungen, ungesicherten, nach Anerkennung und Stabilität strebenden Neustaates – geworden. Denn das BVG hat beharrlich und gesinnungsfest, normensicher und weltklug als Hüter der Verfassung die politische Ordnung gegen alle Anfechtungen nicht nur verteidigt, sondern sie auch elastisch ausgebaut. Seit dem Beginn seiner Tätigkeit haben Aberhunderte von wichtigen Entscheidungen den neuen deutschen Verfassungsstaat erst konkret ausgestaltet. Diese oberste Judikative, keineswegs immer primär das Parlament, hat jene dichte Textur der Rechtsordnung geschaffen, die inzwischen unsere Verfassung in jenem weiten Sinn bestimmt, die als rechtlich fundamentiertes Ordnungsgefüge keineswegs allein auf dem isolierten Text des Grundgesetzes beruht.

Durch ein Maximum an richterlicher Nachprüfbarkeit der Aktivität von Legislative und Exekutive durch die hochqualifizierte unabhängige Richterschaft des BVG hat sie neue Maßstäbe gesetzt und nicht zuletzt kontinuierlich dafür gesorgt, dass die im Grundgesetz gewährleisteten persönlichen Grundrechte die Legislative, Exekutive und Judikative als unmittelbar geltendes Recht binden. Eben diese Verfechtung freiheitlicher Bürger- und Menschenrechte setzt der Staatsgewalt und parteipolitischen Mehrheit enge Grenzen, die das BVG aufmerksam überwacht.

Hinter diesen strukturstiftenden Entscheidungen verbirgt sich daher eine der größten innenpolitischen Leistungen der Bundesrepublik, nicht allein ihrer Rechtskultur. Das mag nicht jedem Staatsbürger vollauf bewusst sein, doch ist sie die Grundlage für das außerordentlich hohe Maß an Ansehen, welches das BVG genießt. Man kann daher mit der Behauptung nicht fehlgehen, dass das BVG diejenige politische Institution der Bundesrepublik ist, die von allen Einrichtungen allseits den größten Respekt genießt. Bei näherem Hinsehen gebührt auch den beiden Senaten des BVG wegen ihrer internen Integrationsbereitschaft eine uneingeschränkte Anerkennung, da sie damit die fundamentalistischen Auseinandersetzungen des amerikanischen «Supreme Court», der ständig mit seinen Zerreißproben zu kämpfen hat, vermieden haben.

In mancher Hinsicht ist das heftig umstrittene Lüth-Urteil von 1958 der weithin leuchtende erste Meilenstein in der Fortentwicklung des westdeutschen Verfassungsstaates. Der Hamburger Senatssprecher Paul Lüth hatte zum Boykott eines Films des hochgradig kompromittierten «Jud Süß»-Regisseurs Veit Harlan aufgerufen. Als er vom Verleih wegen Geschäftsschädigung ver-

nachgab und entgegen den bewährten Regeln der politischen Kultur den Bruch mit der Verfassungsordnung im weiten Sinn befürwortete? Hier ging es um die direkte Aufkündigung des Respekts vor dem höchsten Verfassungsorgan. Das war der Anlauf zur offenen Machtprobe, denn es ging um die Bestreitung der höchstrichterlichen Deutungsmacht. Das war im Kern die Aufkündigung des Verfassungskonsenses, der Bonn und Berlin bisher von Weimar unterschieden hatte.

Was liegt rechts von der Wand, an der sich solche Kritiker anlehnen? Eine noch schroffere Leugnung dieses Konsenses und dieser Verfassungsordnung, die den politischen Leistungsstolz der Republik mit begründet hat? Jeder weitere Aufruf zum Widerstand gegen konsequent liberale BVG-Urteile wirkt verfehlt, zumal wenn er im Zeichen der ominösen Monstranz der «Mehrheitsmeinung» und des «Volksempfindens» vorgebracht wird. Geboten ist vielmehr der entschlossene Widerstand gegen diese Verfassungsverächter, die ihre engherzigen Sonderinteressen über die Anerkennung der Grundentscheidung stellen, das BVG als bewährten Hüter der Verfassung zu akzeptieren. Geschützt werden müssen vor allem jene verletzbaren, immer wieder einer grundsatztreuen Interpretation bedürfenden Elemente.

Viele der neuen BVG-Verächter halten die PDS/Linkspartei für einen gefährlichen politischen Sprengstoff. Doch im Vergleich ist dieser letztlich als ostdeutsche Regionalpartei fungierende politische Verband bei weitem nicht so gefährlich für das gesamte Gemeinwesen wie die hinter der Fassade bürgerlicher Wohlanständigkeit agierenden Advokaten des gekränkten Volksempfindens. Denn sie wollen einen seit Jahrzehnten bewährten, längst unverzichtbaren Stützpfeiler der Verfassungsordnung beseitigen – ungeachtet des Zerstörungswerks, das ihre Attacke auf ein liberales Grundrechtsverständnis anrichten würde.

Der gegenwärtige Streit um die Probleme der Europapolitik, um die Länge und Intensität von Bundeswehreinsätzen im Ausland, um die Forderungen der Opposition im Gesetzgebungsprozess ist fraglos wichtig und muss weiterhin regelkonform ausgetragen werden, auch wenn die Leidenschaft hohe Wellen schlägt. Beim Angriff der Verfassungsverächter geht es aber um ein Fundament unseres politischen Konsenses und unserer Verfassungsordnung. Die politischen Vorzüge der Bundesrepublik sind uns nicht in den Schoß gefallen, sondern in aller Regel hartnäckig erstritten worden. In der gegenwärtigen Phase der inneren Vereinheitlichung der neuen Bundesrepublik von 1990 müssen die Vorzüge mit allem Nachdruck verteidigt werden, da sie keineswegs als unerschütterliche Traditionsbestände stets von selbst, quasi automatisch, erhalten bleiben.

Deshalb steckt in der Offensive des BVG-kritischen Illiberalismus eine grundsätzliche Herausforderung, der in einer formativen Neugründungsperiode mit ihren folgenreichen Weichenstellungen entschieden entgegengetreten werden muss. Sollten sich da nicht endlich mehr Verteidiger der Bundesrepublik – des ersten liberalen, demokratischen, funktionstüchtigen Verfassungs-, Rechts- und Sozialstaates, der bisher den Deutschen geglückt ist – gegen diese Zumutungen zur Wehr setzen?

Abseits der illiberalen Opposition gibt es eine unbefangene Kritik, die auch von Verehrern des BVG vorgetragen wird. Ein wesentlicher Punkt dieser Skepsis besteht aus der Sorge, dass der vom BVG weiträumig ausgebaute Rechtsstaat die solide Substanz und viel beschworene Autonomie des Politischen zerstöre. Das ist nicht nur ein Argument aus dem Umfeld des autoritär-konservativen Denkens von Carl Schmitt, jener Unheilsfigur der deutschen Jurisprudenz mit ihrer erstaunlichen Spätwirkung. Vielmehr vertreten auch Kritiker ganz anderer politischer Couleur diesen Einwand, dass der vom BVG wesentlich mit aufgebaute und einflussreich repräsentierte Rechtsstaat immer wieder auch Angelegenheiten regele, die wegen der Unentschlossenheit oder Feigheit der politischen Klasse auf der Tagesordnung des BVG landeten, obwohl sie eigentlich grundsätzlich durch die politische Entscheidung geklärt werden müssten. Dadurch wer-

klagt wurde, bestätigte das BVG den Vorrang der für die freiheitliche Demokratie schlechthin «konstitutiven» Meinungsfreiheit des Individuums. Ihm wurde die grundrechtliche Schutzwürdigkeit mit der Auslegung zuerkannt, dass die die Grundrechte einschränkenden Gesetze immer im Licht des vorgeordneten Grundrechts ausgelegt werden müssten. Damit wurde eine Interpretation mit bindender Konsequenz festgelegt, welche die «ständige Rechtsprechung» des BVG mit weit reichenden Folgen bis heute bestimmt hat.

Seither sind wichtige Entscheidungen des BVG immer wieder in das Kreuzfeuer der politischen und publizistischen Kritik geraten. Und immer wieder ist das BVG mit verfassungspolitischer Bravour und intellektueller Überzeugungskraft aus diesen Kontroversen siegreich hervorgegangen. Das war als Beweis der Durchsetzungsfähigkeit des höchstrichterlichen Gremiums jeweils ein wirkungsvoller Bodengewinn. Denn wenn sich strittige Entscheidungen zusammenballten, konnte sich auch eine feindselige Front der Kritiker herausbilden, die durchaus ihre prinzipielle Aversion artikulierten. Das erwies sich etwa während der zugespitzten Krise, als der Disput um die Straffreiheit von Anti-Atom-Demonstranten, um das Kruzifix-Urteil und das «Soldaten sind Mörder»-Urteil zu einem Frontalangriff auf die liberale BVG-Rechtsprechung führte. Damals tat sich die FAZ mit ihrer Polemik gegen die «vergilbte» Entscheidung für die Verteidigung der Meinungsfreiheit hervor, da diese längst keiner «abermaligen Befreiung» mehr bedürfe. Vielmehr wurde dem BVG die verfassungspolitische Selbstkastration zugemutet, denn es sollte – das Auge starr auf das anempfohlene Ziel gerichtet, bloß nicht «in die Zone der Kritik» geraten – seine zentrale Aufgabe aufgeben, als Schutzschild der Grundrechtsverteidigung zu fungieren. Stattdessen sollte es der von ihm ganz zu Unrecht «als spießig empfundenen Volksmeinung» folgen. Das war in der Tat eine Fundamentalkritik, denn für den Fall, dass das BVG diesen Appell ernst genommen hätte, wären verfassungsgerichtliche Entscheidungen in Grundrechtskonflikten ganz und gar unnötig geworden. Ein fleißiger Notar, der das «gesunde Volksempfinden» mit Hilfe der Demoskopie ermitteln konnte, ehe es zur Verhaltensmaxime aller Staatsuntertanen erhoben wurde, genügte vollauf. Also: Hinweg mit den Grundrechten auf den Müllhaufen der Geschichte, denn mit der Berufung auf das gesunde Volksempfinden hatten die Deutschen ja schon früher die glücklichsten Erfahrungen gemacht.

Bisher galt die Einsicht als Gemeingut, dass die Fortgeltung jeder Verfassung auf einer normgerechten, doch auch politisch lernfähigen Werteinterpretation beruht. Es war daher die konkretisierende, die Zielwerte des Grundgesetzes stets aufs Neue auslegende Entscheidungspraxis des BVG, die jenen Verfassungs- und Rechtsstaat geschaffen hat, der zu einem der Bausteine seiner Legitimationsbasis geworden ist. Wer heute darauf drängt, an die Grundrechteverteidigung die Axt anzulegen – und das bedeutete im Kern der Aufruf, dem Götzen der Mehrheitsmeinung die Definitionsmacht eines neuen Gesetzstifters zu verleihen –, stellt mit einer solchen Frontalattacke die Freiheitssicherung durch die höchstrichterliche Entscheidungskompetenz massiv in Frage. Denn die stets verletzliche politische Kultur würde radikal angezweifelt, nachdem sie bisher von dem Sicherheitsnetz zahlreicher letztinstanzlicher und insofern zwingend bindender Interpretationen getragen worden war.

Was tat in diesem Kontext ein renommierter Politikwissenschaftler wie Hans Maier, der jahrzehntelang das Verfassungssystem der Bundesrepublik als akademischer Lehrer und gewiss nicht als staatsfeindlicher Radikaler behandelt, zudem fast zwanzig Jahre lang als bayrischer Kultusminister fungiert hatte, als er – die BVG-Entscheidung mit Nazi-Methoden vergleichend – unverhüllt zum Widerstand gegen das Kruzifix-Urteil des BVG aufrief? Was tat der bayrische Ministerpräsident Stoiber, wenn er dieses Urteil als Verletzung der Mehrheitsüberzeugung verdammte, der populistischen Neigung zu Protestdemonstrationen

de ein latent vorhandener aktivistischer politischer Ehrgeiz «der Karlsruher» freigesetzt, und die mit dem perfektionierten Rechtsstaat ermöglichte Oberherrschaft des Rechts könne auf diesem Wege zum «Regieren durch Richter» führen, sogar im «Richterstaat» enden. Aus der Fesselung der politischen Gewalt durch kluges Recht könne, heißt es mithin, eine politische Instrumentalisierung des Rechts durch die Richterkönige hervorgehen, die dabei ihre eigenen politischen Ziele verfolgten und in den Mantel letztinstanzlicher Entscheidungen einhüllen könnten. Diese Kritik taucht gelegentlich auf der Seite der vor Gericht politisch Unterlegenen auf. Doch aus der Vogelperspektive wird stets deutlich, dass die obersten Richter jeweils nur einen Entscheidungsspielraum ausgestaltet haben, den ihnen die Unentschlossenheit oder Unfähigkeit der politischen Klasse geöffnet hat.

Gravierender ist das weitere Problem, dass die Bundesrepublik gemäß ihrer Verfassung ein «offener Staat» ist, der Souveränitätsbefugnisse an supranationale Einrichtungen wie etwa die Europäische Union abtreten kann. Mit dieser Konstruktionsentscheidung zugunsten des «offenen Staates» gewann die Bundesrepublik den Vorteil der Wiedereingliederung in den Westen und die Mitwirkung an nationalstaatsübergreifender Arrangements. Hierfür muss sie freilich auch immer wieder einen Preis bezahlen, der manchen Mitgliedern des obersten Verfassungsgerichts als gefährlich hoch, ja sogar als unzumutbar erscheint. Denn die demokratisch kontrollierte Arena der öffentlichen Angelegenheiten schrumpft in dem Maße, in dem Souveränitätsrechte des deutschen Nationalstaats auf supranationale Organisationen verlagert, dort aber nicht durch demokratische Einrichtungen kompensiert werden. Die Bundesrepublik trifft daher als «offener Staat» auf ein sie unmittelbar berührendes Demokratieproblem, wie es im klassischen Fall die Europäische Union durch deren «strukturelles Demokratiedefizit» verkörpert. Die Entscheidungsmacht der Hohen Kommissare und ihrer Stäbe ist ungleich kraftvoller ausgeprägt als die im Vergleich mit dieser Exekutive und dem Gremium der Staatschefs immer noch schwache Position des Parlaments. Außerdem fehlt für eine Demokratisierung der Europäischen Union die stützende europäisierte «Kommunikations-, Erinnerungs- und Erfahrungsgemeinschaft».

Die Krisensituation in einigen ökonomisch und daher auch politisch geschwächten EU-Mitgliedern hat im Verein mit den Spekulationsgefahren, die den Euro umgeben, eine Konstellation auftauchen lassen, unter deren Vorzeichen die leistungsfähigen EU-Staaten den Übergang zur Transferunion erwägen. Dieser Ausgleich einzelstaatlicher Defizite durch potente Unionsgenossen widerspricht zwar dem geltenden europäischen Vertragsrecht, spätestens seit Maastricht, gewinnt jedoch in letzter Zeit an realpolitischer Überzeugungskraft, zumal die starken EU-Staaten auch als Großverdiener den höchsten ökonomischen Nutzen aus der Union ziehen – mehr als Zweidrittel des deutschen Exports fließen in die Europäische Union. Die finanzpolitischen Regelungen einer künftigen Transferunion werden jedoch zwangsläufig zu einer weiteren Abwanderung von Souveränitätsrechten nach Brüssel führen. Dadurch wird etwa das sakrosankte Budgetrecht des deutschen Parlaments weiter geschmälert. Bekanntlich bestehen sechzig Prozent der Rechtsmaterie, die im Bundestag verhandelt wird, inzwischen aus Brüsseler Vorgaben, die gewissermaßen nur noch als binnenstaatliches Recht ratifiziert werden. In naher Zukunft könnten aber, wenn der derzeitige Trend in der europäischen Großwetterlage anhält, an der deutschen Schmerzgrenze noch heftigere Probleme auftreten, die dann auch auf das BVG zukämen.

In letzter Zeit ist in Äußerungen von BVG-Richtern bereits eine deutliche Skepsis gegenüber der anhaltenden Einengung souveräner deutscher Parlamentsentscheidungen durch die Brüsseler Oberherrschaft zutage getreten, jedenfalls wird dieser Vorgang mit ausgeprägten Vorbehalten beurteilt. Diese Haltung lässt sich verfassungspolitisch gut begründen, zudem entspricht sie auch dem Egoismus einflussreicher politischer Machtaggregate. Dahinter steht die konservative, berufsspezifische Beharrungsmentalität erfolgreicher Richter des deutschen «Supreme Court», denen es außerordentlich schwerzufallen scheint, die Verlegung zentraler Entscheidungsfelder nach Brüssel und Straßburg hinzunehmen. Es wird jedoch keine Euroverteidigung auf lange Sicht, keine solidarische Stützungspolitik der starken EU-Mitglieder zugunsten des schwächeren Südsaums der Union, keinen mühseligen Übergang zu einer gemeineuropäischen Wirtschafts- und Sozialstaatspolitik geben ohne eine Verlagerung von strittigen Entscheidungsrechten auf die europäischen Gremien. Da kann man Urteilskriterien, Kontrollrechte und Kautelen verschärfen, um die zweitklassigen Unionsmitglieder auf einen gemeinschaftsverträglichen Kurs zu zwingen. Aber die Souveränitätseinschränkung wird für die Hüter der deutschen Verfassung tief irritierend bleiben.

Man wird dem Grenzfall des herannahenden Grundsatzkonflikts mit Spannung entgegensehen können. Wird das BVG die Blockade eines neuen gemeineuropäischen politischen Kurses riskieren? Oder wird es sich der politischen Entscheidung, wesentliche parlamentarische Souveränitäts- und Budgetrechte Brüssel zu übertragen, letztlich beugen? Auf das interpretatorische Kunststück, dieser dramatischen Gewichteverlagerung das Gütesiegel der Verfassungskonformität aufzuprägen, darf man mit Neugier warten. Kann dem vielfach bewährten «offenen Staat» ein so hohes Maß an neuartiger Offenheit vom BVG zugebilligt werden? Oder wie wird man in einem Verfassungskonflikt, der den intensiven Streit der 1860er Jahre übertreffen würde, die Blockadepolitik des BVG, wenn es denn diese prinzipienfeste Grundsatzopposition wählen sollte, politisch überwinden? Letztlich möchte man auf den juristischen Erfindungsreichtum der BVG-Richter in der Erwartung bauen, dass sie selbst diese schmerzhafte Aufwertung von Brüssel zu einem hinnehmbaren Opfer für Europa erklären.

3.

Die SPIEGEL-Affäre:
50 Jahre danach

Ist die SPIEGEL-Affäre von zahlreichen Sympathisanten zum Mythos eines heroischen Kampfes um Meinungsfreiheit überhöht worden – und bedarf sie deshalb der realistischen Zurückstutzung auf das Format eines Skandals unter vielen anderen? Oder hat sie sich zu Recht als Wendepunkt in der politischen Kultur der Bundesrepublik erwiesen, mit außerordentlich langlebigen positiven Auswirkungen bis in unsere unmittelbare Gegenwart hinein? Kann also die Geschichte der westdeutschen Innenpolitik, der politischen Mentalität des Landes, der Reformfähigkeit seines politischen und sozialen Systems ohne die Anerkennung dieses Wendepunktes gar nicht angemessen erfasst werden?

Gegen die Kritik, wie sie Christina v. Hodenberg am intelligentesten in ihrem faszinierenden Buch über die westdeutsche Medienöffentlichkeit zwischen 1945 und 1973 präsentiert hat, möchte ich den Charakter der SPIEGEL-Affäre als Unikat verteidigen.

Zuvor eine persönliche Bemerkung, wo und wie mich die SPIEGEL-Affäre erreichte. Ich war seit dem Sommer 1962 mit meiner Familie in Stanford, um ein Buch über den amerikanischen Imperialismus voranzutreiben. Der Aufenthalt wurde durch ein großzügiges Stipendium der Dachorganisation aller amerikanischen wissenschaftlichen Institutionen, des «Council of Learned Societies», finanziert: ein üppiges Monatsgehalt, Sondergeld für Bücher und den Besuch von Archiven und Tagungen, vor allem aber eine beispiellose Förderungsdauer: Wenn man sein Projekt nicht in zwei Jahren schaffen konnte, stand eine Verlängerung auf vier oder fünf Jahre in Aussicht.

Mitten in diese paradiesische Idylle platzte die Nachricht von der SPIEGEL-Affäre. Die amerikanischen Medien berichteten wie immer kärglich über die deutschen Dinge, zumal sie die Kuba-Krise gleichzeitig mit ganz anderen Problemen konfrontierte. Aber ich bekam mit knapper Verspätung den SPIEGEL immer zugesandt, da ich mit dem ersten Geld für Nachhilfestunden den SPIEGEL vom ersten Heft ab abonniert hatte, mithin als SPIEGEL-Leser der ersten Stunde auch in Amerika nicht auf ihn zu verzichten brauchte.

Die Affäre wurde zum Dauergespräch mit den amerikanischen Kollegen. Unsere Empörung hielt sich auf hohem Niveau. Wir litten unter der Abwesenheit vom Schauplatz der Ereignisse, spürten die Ohnmacht von Leserbriefschreibern. Schließlich beschlossen wir, in Amerika zu bleiben, wenn die Krise keinen positiven Ausgang nähme, und das blieb wochenlang ganz ungewiss. Ich hatte gerade ein Angebot von der Universität in Berkeley erhalten und hielt es mir, obwohl ich trotz der Kennedy-Begeisterung die Bundesrepublik mit ihren politischen Problemen für weitaus attraktiver hielt, als Absage an eine drohende Strauß-Republik offen. Erst nach dem Rücktritt von Strauß, nach der Neubildung der Bonner Regierung und nach Augsteins Entlassung löste sich die Drucksituation auf. Aber ich habe in Kalifornien aus der Entfernung die Polarisierung der westdeutschen öffentlichen Meinung bereitwillig mitgemacht.

In aller Kürze: Worum ging es? Der SPIEGEL hatte am 10. Oktober 1962 den Artikel «Bedingt abwehrbereit» über das NATO-Manöver Fallex 62, die katastrophalen Folgen eines atomaren Angriffs der Sowjetunion, die niedrigste dabei erteilte Abwehrnote für die Bundesrepublik, sowie deutsch-amerikanische Gegensätze in der atomaren Kriegsführung gebracht und das alles mit pointierter Kritik an Bundeswehr-Generalinspekteur Foertsch und Verteidigungsminister Strauß verbunden. Fast alle Informationen, die sorgfältigen Recherchen zu verdanken waren,

waren schon vorher publiziert worden. Doch hatte der SPIEGEL von Oberst Alfred Martin im Bundeswehrstab auch delikates Geheimmaterial zugespielt bekommen.

Die Bundesanwaltschaft begann bereits am nächsten Tag mit Ermittlungen gegen das Magazin und eventuelle Nachrichtengeber. Nach einer merkwürdigen Atempause stürmten gut zwei Wochen später fünfzig Polizisten in einer Nachtaktion die Redaktionsräume und beschlagnahmten Abertausende von Dokumenten. Rudolf Augstein wurde verhaftet, ebenso sein Rechtsanwaltsbruder Josef Augstein, Verlagsdirektor Becker und dank der illegalen Intervention von Strauß beim deutschen Militärattaché in Madrid auch Conny Ahlers, der Stellvertretende Chefredakteur, der aus dem spanischen Urlaub zurückflog und am Flughafen in Frankfurt verhaftet wurde.

Die Reaktion in der Öffentlichkeit gewann geradezu den explosiven Charakter eines Erdbebens. In dichter Abfolge reagierten die Fernsehmagazine und großen Illustrierten, die Rundfunksender und die Organe der Tagespresse. Binnen kurzem fiel die harsche Kritik unisono aus. In allen Universitätsstädten fanden sich Professoren und Studenten zu Protestveranstaltungen zusammen. Die seit den späten 50er Jahren anlaufende Entwicklung zu einer kritischen Öffentlichkeit wurde mit massiver Schubkraft beschleunigt. Adenauers törichte Invektive gegen den «Abgrund von Landesverrat» trug das ihre dazu bei.

Im Nu weitete sich die Affäre auch zu einer Regierungskrise aus. Justizminister Stammberger von der FDP war über den Vorgang nicht informiert worden und trat mit vier anderen FDP-Ministern aus der schwarz-gelben Koalition aus. Selbst vier CDU-Minister wollten nicht länger mit Strauß im Kabinett bleiben. Der entschuldigende Kommentar von Innenminister Höcherl, die Affäre sei «etwas außerhalb der Legalität verlaufen», konnte nur Hohn auslösen. Strauß hatte vor dem Parlament zunächst jede Beteiligung abgestritten, musste dann aber seine

Lüge, namentlich in der Causa Ahlers zugeben. Am 30. November trat er endlich von seinem Ministeramt zurück. Die Bundeswehr verabschiedete sich ganz so instinktlos mit dem anachronistischen Ritual des Großen Zapfenstreichs von dem politischen Lügner, wie sie das auch fünf Jahrzehnte später mit dem Plagiatkünstler tat.

Adenauer hatte inzwischen mit der SPD Gespräche über eine Große Koalition geführt, band die FDP jedoch zurück an ein straußfreies Kabinett und konnte am 13. Dezember die neue CDU/FDP-Regierung mit dem Versprechen präsentieren, dass er selber im Sommer 1963 nach 14 Amtsjahren zurücktreten werde. So wurde die schwerste innenpolitische Krise der Bundesrepublik seit 1949 mit Schmerzen gelöst.

Augstein wurde im Februar 1963 nach 103 Hafttagen entlassen, umgeben vom Nimbus des Heros der Meinungsfreiheit. Denn in der Bundesrepublik hatte sich in den vergangenen Wochen ein mächtiger Trend der Protestmobilisierung zugunsten der Pressefreiheit, damit aber überhaupt ein kraftvoller Liberalisierungsschub und die Abwendung von obrigkeitsstaatlichen Traditionen durchgesetzt.

Diese Befreiung zum entschiedenen Protest zugunsten der liberalen Demokratie löste namentlich unter Intellektuellen eine heftige Polarisierungswelle aus. Amnesty International, die Humanistische Union, der Kongress für kulturelle Freiheit, die Gruppe 47 und andere Verbände fanden sich alle im Lager der SPIEGEL-Verteidiger wieder, während das Häuflein der Regierungsverteidiger schnell zusammenschmolz.

Typisch für den Konflikt war der aufsehenerregende Briefwechsel zwischen dem Freiburger Historiker Gerhard Ritter und dem Bonner Politikwissenschaftler Karl Dietrich Bracher. Diese Kontroverse bleibt ein besonders aufschlussreiches Dokument der damaligen Gegensätze. Ritter, eine streng etatistische, borussophile Leitfigur der Historikerschaft in der frühen Bundesrepublik, verteidigte in der FAZ (10.11.) emphatisch die Regierung. Der wahre «Skandal» stecke im «Theaterdonner der politischen Literaten und Parteiinteressen». Verständnisvoll äußerte er sich über die «eine oder andere Unschicklichkeit (oder auch Inkorrektheit) unserer Strafverfolgungsorgane», da doch der «Terror der Nachrichtenmagazine» und ihre «Giftpfeile» ausschlaggebend seien. Sie stünden für eine «jämmerliche Sorte von demokratischer Freiheit».

Sofort antwortete Bracher (13.11.), der mit seiner «Auflösung der Weimarer Republik» eines der wichtigsten politischen Bücher der alten Bundesrepublik geschrieben hatte. Ritters Brief sei ein «bestürzendes Dokument», das der sogenannten «Staatsraison den fast bedingungslosen Vorrang vor innerer Freiheit und Rechtsstaatlichkeit» einräume. Ritter stilisiere sich als Bewahrer «vaterländischer Empfindung» gegen «unsere schwatzhafte Demokratie», rechtfertige aber «nichts anderes als den so verhängnisvollen Obrigkeitsstaat auf Kosten unserer Demokratie». Den «schon heute unübersehbaren» Schaden der Affäre sah Bracher in einem «Anschauungsunterricht, der Zynismus und Resignation erzeugt», anstatt «das Verständnis für das Wesen und die Probleme der Demokratie» zu unterstützen. Zutage trete damit die Gefahr eines «Fortbestehens rein obrigkeitsstaatlicher Staatsideologie, die die Bürger zu Untertanen degradiert» und einer «Militärverteidigung die Prinzipien der Demokratie» unterwirft. Freilich gebe es auch den «positiven Aspekt», dass die Affäre gefährliche Tendenzen aufdecke und eine «umfassende Diskussion in Gang setze».

Bracher argumentierte hier repräsentativ für die politische Mentalität der jungen Generationen, die sich vom Anachronismus der Ritterschen Position abgestoßen fühlten. In dieser hin und her wogenden Diskussion tauchten erstmals die Fronten auf, die in der Fischer-Kontroverse über die deutschen Kriegsziele im Ersten Weltkrieg, dann im Streit um die Ostverträge der Regierung Brandt, zuletzt im Historikerstreit der 80er Jahre immer wieder auftauchten. Bei den damit verbundenen Unterschriftenaktionen fanden sich immer wieder dieselben Namen zugunsten der beiden konkurrierenden Lager.

Juristisch endete die Affäre mit einem Debakel der Regierung. Nach der Besetzung der Redaktion ließ sich zum Beispiel die Bundesanwaltschaft die Druckfahnen der Notausgaben des SPIEGELs ausliefern: Das war fraglos eine Zensur ohne jede Rechtsgrundlage. Rund zwanzig Millionen Dokumente wurden geprüft – ohne verwertbares Ergebnis. Der pauschale Vorwurf des Verrats von Staatsgeheimnissen, den Bundesanwaltschaft und Verteidigungsministerium sogleich erhoben hatten, konnte nie erhärtet werden. Das Bundesgericht lehnte im Mai 1965 nach einer beschämend langen Wartezeit die Eröffnung des Hauptverfahrens gegen Augstein und Ahlers wegen des Mangels an Beweisen ab. Andererseits wies das Bundesverfassungsgericht im August 1966 nach einer noch längeren Wartezeit eine Verfassungsbeschwerde des SPIEGELs mit einem Stimmenverhältnis von 4 zu 4 zurück.

Statt seiner unheiligen, dann auch noch ergebnislosen Hast, hätte sich die Bundesanwaltschaft 17 Jahre nach dem Krieg einmal darum bemühen sollen, wenigstens einen der Richter an Freislers Volksgerichtshof oder einen der Richter an den NS-Sondergerichten mit ihren Tausenden von Todesurteilen vor den Kadi zu bringen (was auch danach nicht geschah). Inzwischen dominierten die innenpolitischen Wirren der Erhardschen Kanzlerschaft. Doch die wichtigsten Einwirkungen der SPIEGEL-Affäre auf die politische Kultur der Bundesrepublik hielten weiter an. Wo lag die Motorik der Affäre? Welche Konstellation löste ihren Liberalisierungsschub und die unübersehbare Ablehnung obrigkeitsstaatlicher Maulkorbtraditionen aus? Wie lange hielten sich die Wirkungen der Affäre? Dazu nur drei Gesichtspunkte.

1. Christina v. Hodenberg hat das sozial- und mentalitätsgeschichtliche Konzept der politischen Generation für ihre Interpretation der veränderten Medienöffentlichkeit in den 50er und

60er Jahren aufgegriffen. Damit konnte sie an der «Generation 45», wie wir heute gern sagen, an den etwa seit 1925 geborenen Journalisten nachweisen, dass diese ehemaligen Jungsoldaten, Flakhelfer, Hitlerjungen den Zusammenbruch des Dritten Reiches als Befreiung und Chance für den Aufbau eines demokratischen Staates verstanden haben. Ein generationeller Umbruch am Ende der 50er und zu Beginn der 60er Jahre beförderte sie nach dem Ausscheiden der durch den Nationalsozialismus diskriminierten Vorgänger auf die Chefredakteursposten oder jedenfalls auf einflussreiche Redaktionsstellen in den Zeitungen und Illustrierten, vor allem aber auch in den Fernseh- und Rundfunkredaktionen. Mit dieser Bereitschaft zum politischen Aufbauengagement und beeinflusst von alliierten Presseoffizieren und Seminaren in den USA, wo sie den investigativen Journalismus aus nächster Nähe kennengelernt hatten, wandten sie sich vom Konsensjournalismus ab und der öffentlichen Kritik zu. Deshalb kam es zu einer beispiellosen Dichte von aufgedeckten Skandalen in der Zeit zwischen 1958 und 1964, als die neue Avantgarde angriff: v. Paczensky, Fest, Merseburger, Harpprecht, Boenisch, Prinz, Jacobi, Walden und natürlich als einer der Jüngsten Augstein.

Welchem typischen Weltbild, welchen Interpretationsmustern war diese «Generation 45» verpflichtet? An erster Stelle, als Reaktion auf den Zusammenbruch von 45, auf die Ablehnung der nationalsozialistischen Glaubenswerte, der Führerideologie und der Verpflichtung auf die Nation. Sodann auf die Aufgeschlossenheit gegenüber dem bislang verketzerten Westen, auf das Ziel der nachzuholenden inneren Demokratisierung, damit auf die Verantwortung für den Neustaat, den sie mit aufbauen und stabilisieren wollten. Daraus stammte die zentrale Aufgabe der Zeitkritik und die Ablösung des Konsensjournalismus ihrer Vorgänger.

Daher griff die «Generation 45» mit Leidenschaft soziale Missstände, Aufrüstungsfragen, Probleme der Meinungsfreiheit, der NS-Vergangenheit und der deutschen Frage auf. Die SPIEGEL-Affäre fügte sich in diese dichte Abfolge von Kontroversen ein, ragt aber bis heute aus ihnen hervor. Wer erinnert sich denn noch an die Affären um den Bundeswehrbeauftragten Admiral Heye, an die umstrittene Panorama-Sendung über die Strafverfolgung von Kommunisten, an Stehles ostpolitische TV-Sendung, an die Zensur des Fernsehkabaretts «Hallo Nachbarn»?

Entscheidend war damals nicht der Kampf um die Marktanteile (die SPIEGEL-Affäre war nur durch die Politik ausgelöst worden), auch nicht um die neue Leitrolle von Fernsehen und Illustrierten. Vielmehr ging es im Kern stets um genuine Normenkonflikte, in denen über das Verhältnis von kritischer Öffentlichkeit und Politik gestritten wurde. Dem SPIEGEL wurde vorgehalten, dass er gegen das Arkanum verstoßen habe, die Verteidigungspolitik als Tabu zu behandeln. Die Regierung verletzte wiederum die Norm der Pressefreiheit. In diesen Normenkonflikten spiegelte sich die anlaufende Binnendemokratisierung der Bundesrepublik wider, die Wendung von einer konservativen zu einer liberalen Staatsauffassung, mithin die Abkehr vom fatalen autoritären Erbe. Die vieldiskutierte Kritik des SPIEGELs an Strauß als Verfechter atomarer Bewaffnung und zugleich als korruptem Lobbyisten überdeckte nur diese tiefer liegenden Gegensätze.

2. Der unleugbare Erfolg der neuen kritischen Öffentlichkeit, wie sie die «Generation 45» verfochten hat und schließlich durchsetzte, mündete aber nicht nur in den Sieg des Magazins über seine Kontrahenten, sondern führte auch zur Initiierung eines politischen Mobilisierungsprozesses mit Langzeitwirkung. Die 68er-Bewegung folgte zwar vier Jahre später ihren eigenen Motiven. Aber in zahlreichen Familien hatten die leidenschaftlichen Debatten über die SPIEGEL-Affäre eine stimulierende Wirkung auf die Jüngeren ausgeübt. Als zehn Jahre nach der Affäre der Streit um die Ostverträge einen eher noch schärferen Disput erzeugte, gehörte der Erfolg von 1962/63 bereits zur

Mentalität eines mehrheitsfähigen Teils der Staatsbürgerschaft. Und diese Mentalität stabilisierte sich, wurde in zahllosen familiären und schulischen Sozialisationsprozessen weitergegeben. Dem Rückgriff auf autoritäre, obrigkeitsstaatliche Elemente haftete seither ein nicht mehr zu überwindender Makel an. Die Skandaldichte von 1958 bis 1964 hat daher nicht von ferne einen vergleichbaren Effekt ausgelöst wie der fundamentalistische SPIEGEL-Konflikt um Meinungsfreiheit und Regierungskrise.

3. Und was die strukturelle Veränderungsbilanz angeht, hat die SPIEGEL-Affäre einem machtvollen säkularen Trend zum Sieg verholfen. Das war die Etablierung einer vierten Verfassungsmacht in Gestalt der kritischen Öffentlichkeit. Diese vierte Staatsgewalt ist zwar noch immer ein ungeschriebener Machtfaktor. Aber alle Richter, die ich im Bundesverfassungsgericht kenne, behandeln ihn voller Respekt und als geradezu selbstverständliche Größe.

Das ist der gewaltige verfassungspolitische Erfolg, der unleugbar eine Konsequenz der SPIEGEL-Affäre ist. Das hebt sie aus allen anderen Skandalgeschichten hervor: das leidenschaftliche Engagement der «Generation 45», einer kritischen Öffentlichkeit zum Durchbruch zu verhelfen, die damals ausgelösten politischen Modernisierungsschübe und gewonnenen Normenkonflikte und schließlich der machtvolle Trend hin zur vierten Staatsgewalt, ohne die wir nicht mehr leben wollen. Das alles verdanken wir dem Kampf des SPIEGELs um die Meinungsfreiheit der in einen tiefen Verfassungswandel der Bundesrepublik mündete. Das ist der eigentliche, der bleibende Erfolg, der sich mit der SPIEGEL-Affäre auf lange Sicht verbindet.

4.

Das Hitler-Regime: charismatische Herrschaft oder manipuliertes Propagandaprodukt?

Seit mehr als drei Jahrzehnten gehört der zuletzt an der Berliner Humboldt-Universität lehrende Zeithistoriker Ludolf Herbst zu den führenden deutschen Vertretern seines Fachs. Sein Standardwerk «Das nationalsozialistische Deutschland 1933–1945» aus dem Jahr 1996 zählt noch immer zu dessen Spitzenleistungen[1], im Gegensatz zu vielen eher empirisch orientierten Fachgenossen hat Herbst auch zunehmend theoretische Interessen verfolgt, um ein angemessenes Instrumentarium zur Erschließung autoritärer, totalitärer, faschistischer Herrschaftsformen zu gewinnen. Unlängst noch plädierte er dafür, dass sich auch Historiker der Chaostheorie bemächtigen sollten, um ihrer erkenntnistheoretischen Probleme besser Herr zu werden. Das bizarre Plädoyer mündete in eine grandiose Überschätzung dieser Theorie, vor deren experimenteller Anwendung im Bereich der Kulturwissenschaften sachkundige Astrophysiker, die sich mit ihr intensiv beschäftigt haben, skeptisch gewarnt haben. Im Hinblick auf den polykratischen Wirrwarr des «Dritten Reiches» hat sich die Chaostheorie bisher erwartungsgemäß als unergiebiges Glasperlenspiel erwiesen, das von der Forschung nicht aufgegriffen worden ist, geschweige denn sich als theoretische Wunderwaffe erwiesen hat.[2]

Im Jahr 2010 hat Herbst eine Kritik an Max Webers Theoriekonzept der charismatischen Herrschaft und an dessen angeblich verfehlter Anwendung auf Hitlers Aufstiegsjahre publiziert.[3] Der Autor führt seine Analyse nur bis etwa 1929: Sie endet mithin noch vor der eigentlichen Durchbruchs-, erst recht der Regimephase. Das ist eine eigentümliche, schwer verständliche Beschränkung, denn der interessierte Leser erwartet doch zu Recht, dass die erstaunliche Geschichte Hitlers und des Nationalsozialismus im Gesamtzusammenhang der 25 Jahre von 1920 bis 1945 erneut unter die Lupe genommen wird. Und die Verwendung des Idealtypus der «charismatischen Herrschaft» zielt nun einmal vornehmlich auf die politische Herrschaft im «Dritten Reich», und erst danach, in zweiter Linie, auf die Gewinnung charismatischer Herrschaft zuerst in einer Partei, dann in einer Massenbewegung vor 1933.

Im Kern ist Herbsts Anlauf, die Interpretationsdiskussion voranzutreiben, nur zu berechtigt. Denn auch 65 Jahre nach dem Untergang des NS-Staates konkurrieren denkbar unterschiedliche Deutungen der Diktatur und ihres «Führers» miteinander. Noch hat sich kein wissenschaftlicher Konsens von der Art herausgebildet, wie er seit längerem über Mussolini und den italienischen Faschismus entstanden ist. Da hält sich zum Beispiel aus der ersten wissenschaftlichen Hitler-Biographie, die Alan Bullock bereits 1952 veröffentlicht hat, zählebig die Legende, Hitler sei ein reiner Machiavellist gewesen, dem es ohne theoretisches Programm nur um die Gewinnung und Verteidigung von Macht gegangen sei. Zwanzig Jahre später hat Joachim Fest in seiner berühmten Biographie Hitler zur Inkarnation eines «welthistorischen Individuums» erklärt, wie es Hegel und Burckhardt vorgeschwebt hatte – freilich ganz in schwarzen Farben als negative Bewegungskraft dargestellt. Die sogenannten «Intentionalisten» à la Hillgruber und Hildebrand haben Hitler als alles entscheidenden Akteur stilisiert, die sogenannten «Strukturalisten» dagegen die gesellschaftlichen Sachzwänge, die restriktiven Bedingungen für ausschlaggebend gehalten[4]. Die kurzlebige Psychohistorie hat Hitler als seelischen Krüppel sadomasochistischer Aufwallungen vorgestellt. Die linke Faschismustheorie ist im Nu in einer Sackgasse gelandet. Dutzende von Biographien gaben sich damit zufrieden, Hitler in umgangssprachlichem Duktus als gewöhnlichen Diktator oder als Großkriminellen zu präsentieren. Dagegen war es Sebastian Haffner auf knappstem Raum gelungen, wesentliche Charakterzüge der Führerherrschaft zu erfassen. Zuletzt hat Ian Kershaw in seiner zweibändigen Hitler-Biographie den Weberschen Idealtypus der charismatischen Herrschaft effektiv genutzt, um mit einer schlüssigen Interpretation Hitlers Sonderstellung in einer rational kontrollierbaren Form zu erfassen.

Diese vorerst abschließende Studie, die alles erdenkbare Quellenmaterial herangezogen hat (was Fest dazu veranlasste, hämisch von einem unergiebigen, geistlosen Empirismus zu sprechen), muss Herbst gereizt haben: Strenge Kommentare in seinem neuen Buch zeigen das ganz deutlich. Denn anstatt sich etwa auf die Chaostheorie zu stützen, hat Kershaw in der Tat die analytische Erklärung mit Hilfe des berühmten Weberschen Herrschaftstypus vorangetrieben. Eigentümlicherweise fehlt aber überhaupt in Herbsts neuer Studie eine überzeugende Auseinandersetzung mit seinen Kontrahenten, die sich unlängst auf Webers Typologie gestützt haben. In einem polemisch angelegten Konflikt sollte man jedoch den Gegner zuerst stark machen, ehe man die Kritik an ihm präzisiert.

Mit Webers Begriffsapparat geht Herbst überwiegend fair und sachkundig um; er erkennt seine theoretischen Vorzüge an, lobt die Mischformen, die sich aus der Kombination Weberscher Herrschaftstypen ergeben, so dass der auf ihnen beruhenden Deutung Realitätsnähe verschafft wird. Doch aufs Ganze gesehen beharrt er eher auf vermeintlichen erkenntnistheoretischen Schwächen anstatt auf der Überzeugungsstärke von Webers Überlegungen. Es wäre deshalb für Herbsts Kritik ein erheblicher Vorteil gewesen, wenn er sich auf die Argumentation jener «Weberianer» eingelassen hätte, welche die Erklärungskraft des Weberschen Konzepts der charismatischen Herrschaft im Hinblick auf Hitler und die Geschichte des Nationalsozialismus zwischen 1920 und 1945 verteidigt haben. Dafür hätte bereits eine intensive Auseinandersetzung mit Kershaws Leistung, vor allem aber auch mit der faszinierenden Abhandlung von Rainer Lepsius (die eine ganze Bibliothek zur deutschen Zeitgeschichte obsolet macht) und dem deutsch-italienischen Vergleich von Maurizio Bach genügt, die beide die Webersche Begriffswelt für die historische Analyse produktiv genutzt haben.[5]

Webers Idealtypus der charismatischen Herrschaft besitzt wie eine Ellipse zwei Brennpunkte. Im ersten Zentrum steht das kriegerische, rhetorische, religiöse, politische Sondertalent des Charismaträgers, der dank einer existentiellen Krise aufsteigt und sich dann als Retter in der Not bewähren muss. Sein Personalcharisma prägt die durch eine «Gesinnungsrevolution», die Metanoia, zusammengeführte, auf persönlicher Loyalität beruhende charismatische Gemeinschaft seiner gläubigen Anhänger. Die Verwaltungsstäbe werden nicht auf der Grundlage sachlicher Qualifikation, sondern durch das persönliche Vertrauen des Charismatikers gebildet. Der ständige Konkurrenzkampf rivalisierender Machtzentren erzeugt ein polykratisches System, in dem er die letztinstanzliche Entscheidungskompetenz gewinnt oder doch die Schiedsrichterrolle besetzt.

Das zweite Zentrum besteht aus der Zuschreibung charismatischer Fähigkeiten durch die Gesellschaft (jedenfalls wachsender Segmente von ihr), die dank der politischen Kultur des Landes die Neigung gespeichert hat, großen Persönlichkeiten ihr politisches Geschick namentlich in Krisensituationen anzuvertrauen. Diese Zuschreibungsbereitschaft ist mindestens ebenso wirksam wie die Aura des charismatischen Sondertalents. Insofern kommt es bei der Interpretation charismatischer Herrschaft stets darauf an, die erwartungsvolle, durch einen Vertrauensvorschuss gestützte Zuschreibung hoch zu gewichten. Darauf zielt auch Kershaws Schlüsselzitat ab, dem «Führer entgegenzuarbeiten».

Vor seiner eingehenden kritischen Auseinandersetzung mit dem Weberschen Interpretationsvorschlag räumt Herbst erst einmal sachkundig und durchaus verdienstvoll mit einigen Klischees vom asozialen Schwächling Hitler auf, der sich im Wiener

Männerheim und schließlich auf der Flucht vor dem österreichischen Militärdienst in München herumgetrieben habe. Geraume Zeit mit geerbten finanziellen Ressourcen ausgestattet, das Ziel der Kunstakademie und danach eine Karriere als Künstler vor Augen, eher lesehungriger Bohemien als Landstreicher durchlief Hitler eine vielfach prägende Zeit. Aus dem Krieg kam der namenlose Gefreite ohne jede Berufsaussicht zurück, bis an dem «Vertrauensmann» der Reichswehr das verblüffende rhetorische Talent und damit der politische Kapitalbesitz entdeckt wurde.

In seiner Erörterung von Hitlers Aufstieg unterläuft Herbst jedoch ein doppelter Fehler. Zum einen unterschätzt er die Zuschreibungsneigung der deutschen Wähler, auch der Wählerinnen, die freilich in massiver Form erst mit dem Einbruch der Weltwirtschaftskrise seit 1929 – in der Tat einer existentiellen Krise nicht nur für die acht Millionen Arbeitslosen – zur Geltung kam. Hier versperrt Herbst die zeitliche Begrenzung seines Projektes bis hin zu dieser Zäsur einer angemessenen Anerkennung der Massenstimmung, die Hitler und die Nationalsozialisten seither schnell nach oben getragen hat. Zum zweiten, und das ist die fatale Crux seiner Kritik, vermag er im Grunde das rhetorische, vor allem auch das politische Talent Hitlers nicht wirklich anzuerkennen. Das Personalcharisma wird ihm geradezu abgestritten. In der älteren Generation der deutschen Historiker ist ja die Neigung weit verbreitet, einer menschlich so trübseligen Figur wie Hitler das ihn angeblich veredelnde Talent eines Charismatikers ganz abzusprechen, ihn vielmehr als Produkt einer krisenhaften Entwicklung oder sogar nur der Goebbelschen Propaganda anzusehen. Auf dieser Linie weigert sich auch Herbst, Hitlers verblüffenden Aufstieg als «deutscher Mussolini» während der Jahre bis 1923 unter dem Gesichtspunkt der Talententwicklung unbefangen zu überprüfen.

Erst recht scheint seine Kritik auf diese Negierung hinauszulaufen, sobald es um den verblüffenden Siegeszug seit 1929/30 geht. Und da er sein Buch im Grunde vor 1929 enden lässt, fehlt auch die Auseinandersetzung mit Hitlers charismatischer Herrschaft im «Dritten Reich», in dem die propagandistisch untermauerte, doch auch von vielen geglaubte «Volksgemeinschaft» die charismatische Herrschaft stabilisierte. Hitlers erstaunliche außenpolitische Erfolge, erst recht die den ressentimentgeladenen deutschen Nationalismus befriedigende erste Kriegsphase taten das ihre zur Unterstützung der Führerdiktatur. So haben etwa der «Anschluss» Österreichs, der Sieg über Polen, erst recht über Frankreich den Hitlerenthusiasmus auf einen neuen Höhepunkt geführt, der weder einer Erfindung noch primär der Manipulation zu verdanken war.

Da Herbst aber der Nimbus Hitlers, der allmählich über das rechtsradikal-völkische Milieu hinauswuchs, selbstverständlich vor Augen steht, greift er auf die Ersatzkonstruktion zurück, dass eine kleine Clique von Freunden und Bewunderern, von denen schließlich Goebbels das größte publizistische Talent besaß, die Legende von einem politischen Sondertalent des «Führers» seit den Münchener Jahren im Gefolge des Putsches von 1923 geschaffen und mit wachsendem Erfolg in die Welt getragen habe. An die Stelle der Interpretation mit Hilfe des Konzeptes der charismatischen Herrschaft, die das Zusammenwirken von Talent und Zuschreibung ins Auge fasst, tritt eine Form der Verschwörungstheorie: Einige Bösewichte erkannten, dass man den «böhmischen Gefreiten» vor allem wegen seiner rhetorischen Erfolge als rechte Führungsfigur, geradezu als «Messias» erfinden konnte. Ihnen gelang es dann, suggeriert Herbst, dank ihrer manipulatorischen Propaganda aus Hitler den «Führer» einer Massenbewegung, schließlich des «Dritten Reiches» zu machen.[6]

Von den vielfach bezeugten Wirkungen von Hitlers Talent ist daher bei Herbst keine Rede. Die bereitwillige Zuschreibung charismatischer Fähigkeiten, insbesondere während der Krisenkonstellation von 1923 und nach 1929 wird nicht ernst genommen, obwohl sie doch etwa die dreizehn Millionen Wähler zu erklären hilft. Die «Erfindung» des deutschen «Messias» soll vielmehr die entscheidende Erklärung von Hitlers atemberaubenden Erfolgen bieten. Tatsächlich konnte aber nur die charismatische Herrschaft Hitlers die Destruktivkräfte der Epoche auf so fatale Weise bündeln – fast bis zum Ende von der Zustimmung einer Mehrheit in der deutschen Gesellschaft getragen. Die These von der Messias-Erfindung durch einige strategisch platzierte Helfershelfer, damit auch von der erfolgreichen manipulatorischen Propaganda verfehlt das Phänomen Hitler und den Nationalsozialismus ganz und gar. Sie lenkt nicht nur von einer begriffsscharfen Analyse der Führerdiktatur ab, sondern auch von der unverändert irritierenden Zustimmungsbereitschaft all jener, die das Charisma beharrlich, ja fanatisch zuzuschreiben bereit waren. Dass so viele Deutsche in erster Linie von einer geschickten Propaganda für den Messias verführt worden seien, läuft daher letztlich auf eine verblüffende Verharmlosung der politischen Antriebskräfte der deutschen Gesellschaft in den fatalen Jahren zwischen 1920 und 1945 hinaus.

5.

Der miserable Stil der Sarrazin-Debatte

Der Psychoanalytiker könnte von der «repeat performance» einer zwanghaft wiederholten Realitätsverweigerung sprechen. Das ist jedenfalls der Eindruck, der sich in letzter Zeit wegen des Verhaltens der politischen Klasse in der Bundesrepublik öfter aufdrängt. Da wies der ehemalige SPD-Vorsitzende Beck auf die Problematik der deutschen «Unterschichten» hin, und prompt übertrafen sich Repräsentanten der politischen Klasse, und zwar unisono von rechts bis links, mit der geradezu reflexartigen Behauptung, Unterschichten gebe es im Land der Sozialpartnerschaft doch gar nicht mehr. Das war ein schlechterdings verblüffend bizarres Fehlurteil, denn alle menschlichen Gesellschaften besitzen eine hierarchische Ordnung, kennen Oben und Unten. Die Bundesrepublik ist selbstverständlich keine Ausnahme. Aus den drei umfangreichen Armuts- und Reichtumsberichten der Bundesregierung hätte jeder im Chor der Kritiker die konkrete Realität der überaus stabilen Unterschichten mühelos entnehmen können, anstatt ihre Existenz zu leugnen. (Der mühsame Anlauf, diese Existenz mit dem neuartigen Begriff der «Prekarität» zu retten, scheiterte an der nicht durchsetzungsfähigen Künstlichkeit dieses Wortes.) Entschiedener Widerspruch wurde zwar mit durchschlagenden Argumenten sofort geäußert (ZEIT v. 22. 11. 2006). Doch keiner von den Verteidigern der Fiktion des Landes ohne Unterschichten fand sich öffentlich zu einer Korrektur seines irritierenden Irrtums bereit.

Noch eklatanter und folgenreicher wirkt die Blockade, mit der exponierte Persönlichkeiten dieser politischen Klasse auf Thilo Sarrazins umstrittenes Buch «Deutschland schafft sich ab» mit einer geradezu klassischen Diskussionsverweigerung reagiert haben. Noch ehe das Buch überhaupt vom Verlag ausgeliefert worden war, äußerten sie – Bundeskanzlerin, Bundespräsident, Bundesbankpräsident, SPD-Vorsitzender an der Spitze – allein aufgrund des schlanken Vorabdrucks in einigen Presseorganen (ohne zu fragen, wer, bitte, hat dort nach welchen Kriterien diese Passagen überhaupt ausgesucht?) ihre schneidende Kritik. Über Nacht tauchte auch sogleich der Ruf nach der Entlassung Sarrazins aus dem Bundesbankvorstand im Stil eines politischen Berufsverbots auf, noch ehe seine Argumente überhaupt einer kritischen Prüfung unterzogen werden konnten. Immerhin mussten doch 463 Seiten eines nicht immer leicht verständlichen Textes, ergänzt durch das Beweismaterial zahlreicher Statistiken, erst einmal gelesen werden. Die voreilig geäußerte vernichtende Kritik sollte offenbar bereits im Vorfeld dieser Anstrengung schon so vehement intervenieren, dass im Grunde jede ruhige Diskussion abgewürgt wurde. Das war im Kern eine von politischen Machtträgern derart massiv vorgetragene Attacke gegen die Meinungsfreiheit und das von offener Diskussion zehrende Gemeinwesen, wie sie die Bundesrepublik in den vergangenen Jahrzehnten noch nicht erlebt hat. Insofern handelt es sich bei dieser Debatte auch um die Grenzen von Freiheitsrechten.

Ungeachtet des Blockadeunternehmens sind von diesem Buch innerhalb weniger Wochen Anfang Oktober 2010 1,1 Millionen Exemplare verkauft worden. Die Auflage von zwei Millionen konnte nach wenigen Monaten erreicht werden. Multipliziert man diese Zahlen mit einem bewährten Leserkoeffizienten von 12 pro Exemplar, könnten etwa 24 Millionen Leser dank mehr oder minder intensiver Lektüre mit dem Inhalt dieses Buches in Berührung gekommen sein. Eine solche explosive Bestsellerbewegung hat es bisher in der Bundesrepublik noch nicht gegeben. Auf dieses aufgestaute Interesse wird die politische Klasse reagieren müssen, wie sich das inzwischen an Gabriels neuer Forderung nach einer entschiedeneren Integrationspolitik bis hin zur Ausweisung von Integrationsunwilligen und Hasspredigern ablesen lässt. Unstreitig finden sich in Sarrazins Buch nicht gerade wenige strittige Thesen oder steile Interpretationsversuche, die Widerspruch und Auseinandersetzung verlangen – nach der Auffassung des Autors auch auslösen sollen. Da ich von Genetik und Erbbiologie überhaupt keine ernsthaft belastbaren Kenntnisse besitze, würde ich mich nie auf Befunde verlassen, die man sich als Laie aus diesen Wissenschaften borgen kann, ohne sie aber selbstständig kontrollieren zu können. Das wird auf die allermeisten Leser ebenfalls zutreffen. Für eine stringente Argumentation, wie sie auch Sarrazin verlangt, reicht es meines Erachtens völlig aus, sich auf den Einfluss soziokultureller und politischer Faktoren zu stützen.

Dann gerät man jedenfalls nicht auf das Glatteis, sich auf die vermeintlich gesicherte erbbiologische These zu verlassen, dass Intelligenz zu «50 bis 80%» (übrigens eine riesige Differenz) vererbt werde. Dann gerät man nicht auf den Irrweg, intelligente Menschen durch eine sozialdarwinistische Bevölkerungspolitik geradezu züchten zu wollen. (Auch Sarrazin weiß doch, dass solche Zuchtverfahren gerade in Deutschland seit der Erfahrung mit der NS-Diktatur, die auf diese Weise ihr Ziel der Rassereinheit erreichen wollte, zu Recht auf schroffe Ablehnung treffen – ergo auch die Erörterung seiner zahlreichen anderen Argumente erschweren.) Dann gerät man nicht in die Fallgrube, bisher bildungsfernen Bevölkerungsschichten, z. B. Migranten, einen stabil niedrigen vererbten IQ zu unterstellen. Gerade die deutschen Reformuniversitäten mit ihrer unabweisbaren regionalen Anziehungskraft haben doch seit den 1970er Jahren bewiesen, dass zahlreiche Talente aus dem riesigen Pool von Familien, in denen bisher nicht studiert worden war, herausgezogen und an die Spitze befördert werden konnten. Kein Mensch weiß, welche Rolle vererbte Intelligenz dabei gespielt hat, das neue bildungspolitische Förderungsangebot gab offenbar den Ausschlag. Hätte Sarrazin, anfangs ein vielversprechender Wirtschaftshistoriker, solche Erfahrungen an Universitäten selber machen können, anstatt in seinem Berufsleben als hochkarätiger Verwaltungsfachmann in der abgeschotteten Welt der hohen Bürokratie zu verbringen, hätte er das Intelligenz- und Aufstiegsproblem vermutlich elastischer beurteilt.

Und dennoch: Allein mit der Kritik an echten und vermeintlichen Schwachpunkten von Sarrazins Buch ist es offensichtlich nicht getan. Die intensive Massenresonanz ist nicht an erster Stelle der Faszination der Erbbiologie und Intelligenzforschung zu verdanken, auch wenn Sarrazins Zuneigung deren angeblich ehernen Daten gehört. Vielmehr speichert das Buch mehrere wichtige Probleme. Eine unbefangene, wohlberatene, kluge Diskussion hätte sich längst auf solche lohnenden Kritikpunkte konzentriert. Warum wird das Kapitel über Soziale Ungleichheit (47 S.) nicht von allen Parteien endlich freimütig diskutiert? Warum wird das lange Kapitel über Bildungspolitik (67 S.) nicht erörtert? Warum wird das Kapitel über die demographische Entwicklung (60 S.), über die sich Biedenkopf, Miegel, Birg und andere Bevölkerungswissenschaftler seit Jahrzehnten die Finger vergeblich wund geschrieben haben, nicht endlich auf die Diskussionsagenda gesetzt? Provozierend genug sind Sarrazins Befunde doch allemal formuliert. Das Zuwanderungskapitel (75 S.), in dem intellektuell und emotional die schärfste Kritik, der brisanteste Sprengstoff stecken, braucht sich nicht um mehr Aufmerksamkeit zu bemühen. Offenbar hat Sarrazin hier insofern ins Schwarze getroffen, als er weit verbreitete Befürchtungen zugespitzt artikuliert und damit einen verblüffenden Widerhall ausgelöst hat. Auch hier gilt, dass nicht wenige Argumente hieb- und stichfest formuliert, die statistischen Befunde schwer zu widerlegen sind.

Jahrzehntelang hat die deutsche Einwanderungspolitik nicht auf Qualifikation, Sprachkenntnisse, Integrationswilligkeit geachtet, ganz im Gegensatz zu klassischen Einwanderungsländern wie den Vereinigten Staaten, Kanada oder Australien. Millionen wurden ohne Abwägung der sozialen Kosten gemäß der Maxime

«Privatisierung der Gewinne» importiert. Jetzt steht unabweisbar die «Sozialisierung der Verluste» an, die nur in Milliardenhöhe kalkuliert werden können. Anstatt die Zuwanderungsprobleme endlich ohne Scheu zu diskutieren, verstecken sich bisher die meisten Kritiker hinter der hohen Mauer ihrer Einwände gegen Sarrazins Rückgriff auf Genetik und Erbbiologie. Wer hat schon seine Sorgen im Hinblick auf die Zukunft der deutschen Gesellschaft bereitwillig anerkannt, wer für seine Kritik an schwerwiegenden Versäumnissen Verständnis geäußert, wer die Lesefreundlichkeit eines Bildungsbürgers geschätzt, wer das Reformplädoyer eines geradezu leidenschaftlichen Sozialdemokraten gewürdigt?

Die Diskussion über Sarrazins Buch musste endlich in einem anderen Stil geführt werden: Pointiert zwar in der Kritik, aber auch offen für die Erörterung bisher verdrängter Probleme. Nicht zuletzt, um der Massenresonanz nicht weiter so ratlos oder mäkelig gegenüberzustehen, so als ob dafür neu entflammter Fremdenhass eine Universalerklärung abgebe. Nach dem Eklat mit der Leugnung von Unterschichten und nach der realitätsverweigernden Fehlsteuerung der ersten Phase der Sarrazin-Diskussion verdient es die zweite Phase, dass in freier Meinungsäußerung möglichst alle angeschnittenen Probleme mit pragmatischer Liberalität und elastischer Aufgeschlossenheit erörtert werden.

6.

Wie hoch ist Europas «Preis der Freiheit»?

Im Gegensatz zu amerikanischen und englischen Historikern tun sich deutsche Historiker gewöhnlich schwer mit den Problemen der unmittelbaren Zeitgeschichte. Während im englischsprachigen Universitätsbetrieb jeweils aktualisierte «Textbooks» den Bedürfnissen der Studenten entgegenkommen, zögern deutsche Historiker zwar nicht, mit Monographien und Aufsätzen in die Epoche seit 1945 vorzustoßen. Doch vor einer umfassenden Synthese schrecken sie in aller Regel zurück.

Diese Scheu ist dem Münchener Historiker Andreas Wirsching, soeben zum Direktor des «Instituts für Zeitgeschichte» ernannt, völlig fremd. Unlängst schon war er mit einem vorzüglichen Abschlussband einer repräsentativen Reihe zur «Geschichte der Bundesrepublik Deutschland» hervorgetreten (Bd. 6: Abschied vom Provisorium 1982–1990, 2006). Im Vergleich mit den vorangegangenen Bänden zeichnete er sich durch die Vielseitigkeit der verfolgten Interessen aus. 2012 ist nun seine Synthese der gemeineuropäischen Geschichte von 1989 bis 2011 unter dem Titel «Der Preis der Freiheit. Geschichte Europas in unserer Zeit» erschienen (München 2012). Das ist fraglos ein imponierendes Werk: Von ähnlicher, ja gesteigerter Vielseitigkeit wie der soeben erwähnte Band zur Schlussphase der «alten» Bundesrepublik, von imponierender Belesenheit und Vertrautheit mit der ausufernden wissenschaftlichen Literatur und Publizistik jener Jahre zeugend, auf einem abgewogenen, sicheren Urteil gegenüber heiklen Fragen beruhend, dazu in einem bestechenden, elastischen, begriffsscharfen Stil geschrieben. Blickt man auf die englischsprachige Konkurrenz, wird sie von Wirsching bei weitem übertroffen.

Auf 400 Textseiten werden hier fünf Themenblöcke behandelt. Zuerst entfaltet der Verfasser das Panorama europäischer Politik im Augenblick der demokratischen Revolution von 1989/90 bis hin zum Zusammenbruch des Kommunismus und dem Ende der Sowjetunion. Sodann verfolgt er den schmerzhaften Umbruch in dem von der sowjetischen Vorherrschaft befreiten Osteuropa und die Katastrophe der jugoslawischen Kriege in den 90er Jahren. Anschließend analysiert er den Aufbau eines neuen gemeinsamen Europas als politisches Projekt seit der fundamentalen Wende von 1989/91. Besonders gelungen ist das vierte Kapitel über die Herausforderungen der neuen Globalisierung, die sich nach dem ersten großen Anlauf vor 1914 seit den 1980er Jahren zu einer neuen epocheprägenden Welle steigerte. Europas Teilhabe an der globalisierten Wirtschaft wird ebenso sachkundig geschildert wie die Integration Osteuropas in die neue Weltwirtschaft. Als Sonderproblem behandelt Wirsching die Entfaltung der flexiblen Dienstklassen in der weltweit ausgedehnten Wissensgesellschaft, ehe er zur Analyse der neuen Lebensformen im Zeichen der kulturellen Diversität, zum Vordringen der Konsumgesellschaft, zur Elitenmobilität und Massenmigration vorstößt. Am Schluss erörtert er die kulturelle Selbstbesinnung und die Suche nach europäischer Identität, ehe er mit dem Blick auf «Krise und Konvergenz» nach dem Schock der Finanzkrise seit 2008 seinen Weg durch die europäische Zeitgeschichte beendet.

Wer sich heutzutage einer solchen Synthese der europäischen Zeitgeschichte als Aufgabe stellt, muss sich von vornherein von der früher oft üblichen Addierung enger, schlicht aneinandergereihter Nationalgeschichten verabschieden, um in einem weit gespannten Horizont die Gemeinsamkeiten und die Unterschiede, welche die europäische Staatenwelt charakterisieren, angemessen diskutieren zu können. Zu einem strengen Vergleich kommt es hier zwar relativ selten, doch die komparative Perspektive ist auf überzeugende Weise häufig präsent. Dadurch entsteht vor dem Auge des Lesers in der Tat das System der europäischen

Staaten, wie es sich in ihrer globalen Verflechtung während zweier turbulenter Jahrzehnte herausgebildet hat.

Welche Gesichtspunkte der Interpretation dominieren in einem derart eindrucksvollen Opus? An erster Stelle steht fraglos eine hochdifferenzierte, kultivierte Politikgeschichte, die auch bereits in früheren Arbeiten von Wirsching im Mittelpunkt gestanden hat. Sie wird begleitet von einer eindringlichen Geschichte der politischen Ideen, wie sie von der «New Intellectual History» wiederbelebt worden ist. Aus diesem Umfeld stammen auch eigentlich die wichtigsten erkenntnisleitenden Interessen, die dieses Projekt angeleitet haben. Auf diese Weise kommt auch die öffentliche Meinung in ihrer bunten Vielfalt als politikbegleitender und -stimulierender Faktor immer wieder breit zur Geltung. Da die fünf Kapitel in sich straff gegliedert sind, gewinnt man einen höchst informativen, einleuchtenden Überblick.

Bei aller Anerkennung entlässt einen das Buch doch auch mit offenen Fragen. Als Grundzug der Gesellschaftsgeschichte der europäischen Staaten tritt in den beiden behandelten Jahrzehnten eine rasante Verschärfung der Sozialen Ungleichheit hervor. Hatte der Nobelpreisträger Simon Kuznets in einer berühmten Untersuchung der ersten dreißig Nachkriegsjahre eine deutliche Abschwächung dieser Ungleichheit in allen westlichen Ländern festgestellt (ein Ergebnis der Hochkonjunktur und Sozialstaatsaktivität), hat der verhängnisvolle Triumph neoliberaler Dogmatik seit Reagan und Thatcher eine Trendumkehr ausgelöst, die auch längst die Bundesrepublik erfasst hat. Vermögen und Einkommen wandern massiver als je zuvor an die Spitze der Sozialhierarchie, während die Mittel- und Unterklassen mit stagnierenden oder sogar schrumpfenden Einkommen zu kämpfen haben. Die dramatische Zuspitzung der Sozialen Ungleichheit wird sich auch im amerikanischen und später im deutschen Wahlkampf auswirken, überhaupt ein Dauerthema westlicher Politik bleiben. Denn sie wirft auf absehbare Zeit die Frage nach der Gerechtigkeit der Ressourcenverteilung in der sozialstaatlichen Massendemokratie unabweisbar auf, sollte also auch nicht durch die verfehlte Beschwörung einer Neiddiskussion verdeckt werden. Zu dieser gravierenden Problematik hätte man sich vom Autor eine ausführlichere Erörterung gewünscht.

In die behandelte Epoche fällt auch der Fortgang einer seit längerem laufenden drastischen Veränderung in der Komposition der Berufstätigen. Stellte unlängst noch die Arbeiterschaft etwa die Hälfte aller Erwerbstätigen, ist sie in den letzten Jahren auf rund 30 Prozent abgesunken. Die große Mehrheit bewegt sich jetzt als Angestelltenschaft in den rasch weiter wachsenden Segmenten der Dienstklassengesellschaft. Mit dieser Entwicklung ist in aller Regel ein folgenreicher Umschwung in der Sozialmentalität einschließlich der Auswahl politischer Optionen verbunden. Damit aber verschwindet endgültig das klassische Proletariat von der historischen Bühne, wenn auch dieser Umbau der Sozialstruktur in den osteuropäischen Mitgliedern der EU noch längere Zeit in Anspruch nehmen wird.

Schließlich hätte auch die Globalisierungsproblematik eine tiefer eindringende Durchleuchtung verdient. Sie kommt zwar nicht zu kurz, als Hintergrundsfolie wird sie öfter aufgespannt. Doch handelt es sich bei ihr um eine derartige Zäsur in der Weltgeschichte, dass die Kommunikations- und Computerrevolution jetzt schon den Einschnitt der ersten Industriellen Revolution verdrängt hat. Wie die Zusammenhänge zwischen Globalisierung und Sozialer Ungleichheit aussehen, bleibt eine lohnende Frage.

Vorerst aber steht fest, dass sich die Konkurrenz außerordentlich schwer tun wird, eine derart brillante Synthese, wie Wirsching sie präsentiert, in der theoretischen Konzeption, der methodischen Strenge und empirischen Dichte zu übertreffen.

II.

7.

Globalgeschichte ante portas: neue Herausforderungen für die Sozialgeschichte

Umgab seit der Mitte der 1960er Jahre etwa 20 Jahre lang die Sozialgeschichte namentlich in der jüngeren Generation auch der deutschen Historiker die faszinierende Attraktivität eines Aufbruchs zu neuen Ufern, hat sich die Konstellation seither krass verändert. Zuerst gewann an der Peripherie, dann vom Zentrum her eine durchaus grundsätzliche Kritik an Boden. Die Überzeugung, mit der Sozialgeschichte die Speerspitze des geschichtswissenschaftlichen Fortschritts zu bilden, geriet unter den Rechtfertigungsdruck neuer Strömungen. So wie der Aufschwung der Sozialgeschichte durchaus ein internationales Phänomen in den westlichen Ländern gewesen war, zehren jetzt auch diese neuen Trends von ihrer internationalen Schubkraft.

Am kraftvollsten erwies sich der Schwung der kulturalistischen Welle, welche die im Kern analytische Struktur der Sozialgeschichte mit der neuartigen Hermeneutik der «Linguistischen Wende», überhaupt mit einer vielfältig motivierten Kulturwissenschaft konfrontierte. Die Geschlechtergeschichte ging in ihrer frühen Form der Frauengeschichte aus wissenschaftlicher Entdeckerfreude, aber auch, vermutlich sogar an erster Stelle, aus den politischen Impulsen des neuen Feminismus hervor. Die Alltagsgeschichte erlebte eine kurzlebige, gleichwohl heftige Blütezeit, bis sie aus Mangel an dauerhaft überzeugenden Impulsen verdorrte.

Während alle diese Strömungen den Primat der Sozialgeschichte in Frage stellten, drängten bereits zwei neue Bewegungen nach vorn. Das war zum einen die mit energischer Programmatik verfochtene transnationale Geschichte, welche die

Grenzen einer überwiegend nationalhistorisch konzipierten Geschichtsschreibung endlich überwinden wollte, indem sie diese durch den Pluralismus der Wechselwirkungen, die das soziale, politische, ökonomische, ideelle Leben prägen, ersetzte. Wie das bei solchen Klimawechseln gewöhnlich der Fall ist, handelte es sich um kräftige generationsspezifische Impulse von jüngeren Jahrgängen, für welche sowohl die normative Verbindlichkeit, als aber auch die Enge einer streng nationalstaatlich fundierten Historie unter dem Einfluss ihrer eigenen kosmopolitischen Lebenserfahrungen drastisch nachgelassen hat.

Mit der transnationalen Verflechtungsgeschichte verwandt, aber durchaus ihren dominanten eigenen Zielvorstellungen verpflichtet, hat sich in den letzten Jahren die Globalgeschichte als eine neue Variante der älteren Universal- oder Weltgeschichte auf der Bühne der Historikerzunft zurückgemeldet. Man braucht nur an die glanzvollen synthetischen Werke von Jürgen Osterhammel, Christopher Bayly, John Darwin, Kenneth Pomeranz, Jack Goldstone, Eric Jones, Jack Goody, Gregory Clark, Robert Findlay, Kevin O'Rourke, David Landes, Joel Mokyr, Peer Vries u. a. zu denken, um die Weite der Perspektiven, das intellektuelle Niveau der Auseinandersetzungen, die wissenschaftliche, aber auch die politische Sprengkraft der erkenntnisleitenden Interpretationen zu bewundern. Ein besonders dramatischer Konflikt wird gegenwärtig im Licht der Frage ausgetragen, warum China und Ostasien ihren ursprünglich vorhandenen Vorsprung gegenüber dem Westen verloren, warum der Westen dagegen seinen späten Vorsprung unwiderruflich gewonnen hat. Die Deutung der sogenannten «California School» um Pomeranz und Goldstone, die das chinesische Wachstumspotential hoch einschätzt, trifft auf die Gegenargumente von Vries und Landes, die eine verfeinerte Variante des klassischen Eurozentrismus verfechten.

Der absolute Vorrang amerikanischer und englischer Forscher auf diesem Gebiet ist nicht zu bestreiten. Denn der weite Horizont imperialer Mächte bzw. von Ländern mit einer globalhistorischen Vergangenheit kommt dem Forschungshabitus dieser Gelehrten zugute. In der deutschsprachigen Historiographie ragt dagegen Osterhammels Meisterwerk über die «Verwandlung der Welt. Eine Geschichte des 19. Jahrhunderts» als einziger, einsamer Beweis der Kompetenz zur Teilnahme an dieser außerordentlich anregenden Debatte hervor. Wenn es zurzeit einen dringenden Nachholbedarf für die jüngeren Generationen der deutschen Geschichtswissenschaft gibt, dann in dieser Arena der neuen Globalgeschichte mit ihren außergewöhnlich hohen Anforderungen. Dass sich in Deutschland die gegenwartspolitischen Motive, die unstreitig mit dem späten Aufstieg Chinas zur neuen Weltmacht zusammenhängen, nicht so kraftvoll auswirken, kann der Nüchternheit des Urteils nur zugute kommen.

Mit dem machtvollen Drift zur Globalgeschichte ist aufs Neue, zudem in pointierter Form, die Frage nach den Sonderwegen der Kulturkreise, der Regionen, der staatlich verfassten Länder verbunden. Denn das von allen Diskussionsteilnehmern bevorzugte methodische Instrumentarium des Vergleichs lenkt natürlich sofort auf die drastischen oder subtilen Unterschiede, weit weniger dringend auf die Gemeinsamkeiten hin. Meine These lautet daher, dass die methodisch und theoretisch aussichtsreichste Spielart innovativer Geschichtswissenschaft, die neue Globalgeschichte, es seit geraumer Zeit im Grunde erzwingt, sich dem Problem der Sonderwege erneut zu stellen. Denn es ist keineswegs damit getan, sich mit der zumeist oberflächlichen Kritik an der cause celèbre des preußisch-deutschen Sonderwegs zufrieden zu geben und damit die Debatte für abgetan zu halten.

Mit diesem Postulat einer neuen globalhistorisch inspirierten Sonderwegsdiskussion ist zugleich die Absage an alle älteren (von Schmoller über Bücher bis hin zu Sombart verfochtenen) Stufentheorien, wie auch an die neueren Konzeptionen á la Rostow mit ihrer naiven Gleichförmigkeit in schlechthin allen Ländern und Regionen verbunden. Die neue Globalisierungsdebatte hat sich ersichtlich von solchen mechanischen Uniformierungszwängen völlig gelöst, um die neuartigen Konstellationen vor Ort unbefangen erfassen zu können. Überdies ist auch das spätmarxistische Interpretationsschema des Wallersteinschen Weltsystems mit seiner Vorstellung von Kernmotorik und Peripherieausbeutung ganz zurückgetreten, nachdem die sachkundige Kritik der wirtschaftshistorischen Koryphäen diese Kombination von Marxverschnitt und lateinamerikanischer Dependenztheorie bereits radikal in Frage gestellt hatte.

Im Kontext der neuen Globalgeschichte ist schließlich noch eine weitere Vorentscheidung zu treffen, dass nämlich bei der Analyse von Sonderwegen keine Spezialdisziplin der Geschichtswissenschaft privilegiert werden sollte. Vielmehr sollten die Wirtschafts-, Sozial-, Politik-, Ideen-, Religions- und Weltbildgeschichte möglichst fusionieren, um die Besonderheiten der jeweiligen Sonderwege mit Hilfe einer vielseitigen und zugleich integralen Analyse einzukreisen.

Die Weltgesellschaft als ein sich verdichtendes, vornehmlich wirtschaftliches und politisches Aktionsfeld, das auch von Ideenwanderungen und Weltbildkonflikten erfüllt ist, besitzt noch längst kein einheitliches sozialstrukturelles Substrat. Man muss daher die großen Sozialformationen der Regionen oder Länder, die man – gewissermaßen als globale Akteure stilisiert – untersuchen will, einzeln unter die Lupe nehmen. Dasselbe gilt für die wirtschaftlichen Schwerpunkte, die politischen Strukturen, die konkurrierenden Weltbilder usw., die jeweils auf ihre idiosynkratischen Eigenarten überprüft werden müssen, damit ihre Stellung und Rangordnung im globalen Ordnungsgefüge klar hervortritt.

Einige Beispiele sind hier angebracht.

1. Das Bürgertum, das nicht nur Marx als universalgeschichtlichen Demiurg der neuen kapitalistischen Welt verklärt hat, zerfällt in mehrere Blöcke mit teils starren, teils verflüssigten Grenzen. Die hoch positionierten Besitzklassen des mit dem

Transatlantik- und schließlich mit dem Welthandel aufsteigenden westeuropäischen Großbürgertums in den englischen, französischen, holländischen Städten teilten zwar Gemeinsamkeiten der Wirtschaftsaktivität und des Lebensstils bis hin zu dem gemeineuropäischen Feudalisierungsdrang der Adelsgleichheit, unterschieden sich aber deutlich von dem Sozialprofil, der mit binneneuropäischem Handel oder binnenstaatlicher Produktion reüssierenden Kaufleute, Bankiers und Unternehmer. Sie konnten eine gediegene Wohlhabenheit erwerben, die ihre Existenz im Fernhandel, als Verleger mit Massenproduktion, als fürstliche Finanziers unterstützte. Doch von den bürgerlichen Honoratioren in der Londoner City, in Bordeaux oder Amsterdam unterschied sie eine völlig andersartige soziopolitische und soziokulturelle Lebenswelt. Nordamerikanische Großbürger zehrten von der Imitation des bewunderten britischen Vorbilds. Chinesische Kaufmanns- und Unternehmerfamilien kannten nicht das Gehäuse ständischer Gemeinsamkeiten, sondern bewegten sich ganz im Netzwerk ihrer Familientraditionen. Auch in Japan wirkte nach den Meiji-Reformen mit dem Aufstieg zur modernen Großmacht dieses Erbe dominierender Familienverbände in der Gestalt der Zaibatsen, der großkapitalistischen Unternehmerclans, weiterhin fort. Eine global angelegte Besitzbürgergeschichte könnte daher z. B. die Zaibatsen mit deutschen Unternehmerdynastien wie den Krupps, Thyssens, Poensgens oder mit den schlesischen Magnaten im Industriegeschäft vergleichen. In den Vereinigten Staaten böten sich im gleichen Zeitraum die Vanderbilt, Harriman, Stanford, Carnegie, Rockefeller als Mitglieder einer elitären Vergleichsklasse an. Es ist eine offene Frage, ob die Allianzen dieser «Robber Barons», die auch mit ihrer Kartellmacht auftrumpfenden deutschen Familienunternehmer oder die Machtcliquen der Zaibatsen die politisch und sozialökonomisch einflussreichste Wirtschaftsoligarchie stellten. Der globalgeschichtliche Vergleich würde jedenfalls ein plausibleres Urteil als der nationalhistorisch eingeengte Blick ermöglichen, ja erzwingen.

Die Heterogenität des Kleinbürgertums wird durch den globalgeschichtlichen Zugriff wahrscheinlich unterstrichen. Aber es könnte gut sein, dass in diesem Fall aus der Vogelperspektive doch auch die Gemeinsamkeiten der wirtschaftlichen Existenz, der Lebensziele, der handlungssteuernden Weltbilder klarer hervortreten als die Unterschiede. Im Bereich der am schnellsten expandierenden Erwerbsklassen in der Angestelltenschaft ist die extreme sozialrechtliche Absicherung im deutschen Staat ein Sonderfall. Doch in der Modernität des Lebensstils, vermutlich auch der politischen Optionen, treten doch Homogenisierungstrends hervor, welche die nationalhistorischen Unterschiede relativieren.

Ein aufregendes Problem ist mit den akademisch geschulten bürgerlichen Mittelklassen verbunden, zu denen in Deutschland das Bildungsbürgertum gehörte. Bei ihm handelt es sich um eine an staatlichen Hochschulen ausgebildete Modernisierungselite, die im Verlauf des neuzeitlichen Staatsbildungsprozesses in zentrale herrschaftliche und meinungsbildende Positionen der Verwaltung, der Justiz, des Bildungswesens und der Theologie der Landeskirchenämter eingerückt ist. Sie wurde in ständischer Vergemeinschaftung durch den neuhumanistischen Bildungsgedanken, ersatzreligiöse Wissenschaftsgläubigkeit, gemeinsame Ausbildungs- und Berufserfahrungen, die Teilhabe an politischer Herrschaft sowie die Netzwerke der Familienclans zusammengeschweißt. Gleichzeitig erwies sie sich als ein Ensemble von Berufsklassen, welche die rapide Expansion der Wissenschaften nachhaltig förderten und ihren politischen Einfluss verteidigten, ohne doch wegen der hemmenden Staatsnähe den entschlossenen Griff nach dem politischen System zu riskieren. Die neubürgerlichen Professionen der Rechtsanwälte und Ärzte, der Architekten und Ingenieure haben sich nach Kräften in dieses Vorbild integriert und sich ihm angepasst. Deshalb sind die deutschen Professionen weitaus staatsnäher als die «freien Berufe» in den USA und in England.

In England findet man bis etwa 1900 einige ehrwürdige Colleges, aber kein System moderner Hochschulen. Infolgedessen gab es nur schmale Produktionsstätten für den wissenschaftlichen Nachwuchs, denn an den elitären «Public Schools» und im Lehrbetrieb von Oxbridge wurde man primär für die Ausübung von Herrschaftsfunktionen im Empire ausgebildet. Absolventen sollten, etwa als Mitglieder der legendären Bürokratie des «Indian Service» einen Riesenbezirk vom Umfang eines europäischen Großstaats mit Hilfe der Methoden des «Informal Empire» regieren oder auf Barbados, in Neuseeland oder Südafrika tätig sein können. Der gemeineuropäische Neuhumanismus schlug sich in ihrer Mentalität als Imitation der römischen Reichspolitik nieder, nicht aber wie in Deutschland mit seiner gräzisierenden Variante als Verehrung der griechischen Kultur- und Poliswelt. Das Rekrutierungsfeld dieser politischen Machtelite lag im englischen Niederadel und im prosperierenden Wirtschaftsbürgertum, von dem auch die ökonomischen Spitzenpositionen nach einem «Training on the Job» im Familienbetrieb oder in dem Unternehmen befreundeter Manager besetzt wurden. Die oberen Ränge der englischen Sozialhierarchie wurden daher im Zeitalter der Pax Britannica von 1763 bis 1914 nach ganz anderen Gesichtspunkten besetzt als sie im kontinentaleuropäischen oder nordamerikanischen Bereich vorherrschen.

In den Vereinigten Staaten hat sich relativ früh ein landübergreifendes dichtes Netz von Colleges und dann ein Universitätssystem, meist nach dem Lehre und Forschung verbindenden deutschen Vorbild der Reformuniversität aufgebaut, durchgesetzt. Doch ein amerikanisches Bildungsbürgertum hat sich zu keiner Zeit herausgebildet, da der Staatsbildungsprozess auf ganz anderen Funktionseliten als in Mitteleuropa beruhte. Erst in der zweiten Hälfte des 20. Jahrhunderts hat sich der Bereich der streng akademisch geschulten Mittelklassen ausgedehnt. Zwar begannen die «Business Schools» der großen Hochschulen ziemlich frühzeitig mit einer wirtschaftswissenschaftlichen Ausbildung, die dann wiederum in Europa als Vorbild diente. Doch die Karrierewege hingen weit mehr von der pragmatischen Schulung im Betrieb als von einem akademischen Grad ab.

Anders als in Deutschland bildete sich in Nordamerika ein eigentümliches System rotierender Eliten heraus. Juristen wanderten aus ihrer Kanzlei in einen Unternehmensvorstand, später in ein Bundesministerium oder in den Diplomatischen Dienst, in einen «Think Tank» oder an die Spitze einer großen Stiftung. Unterstellt wurden ein allgemeines Organisationstalent und die Fähigkeit zum Problemmanagement, nicht aber eine Spezialistenkompetenz. Die amerikanische Geschichte des 19. und 20. Jahrhunderts wimmelt nur so von solchen vielseitigen Angehörigen dieser Rotationseliten, während in der Bundesrepublik dieser Positionswechsel in den Oberklassen noch immer als umstrittene Ausnahme gilt.

In Frankreich hat sich insbesondere in den großen Seestädten an der Atlantik- und Mittelmeerküste ein naturwüchsiges Unternehmertum herausgebildet, das freilich durch den Verlust Nordamerikas und Indiens im ersten Weltkrieg, dem Siebenjährigen Krieg von 1756 bis 1763, schmerzhaft eingeengt wurde. Das Bürokratiesystem, das ebenfalls kein Bildungsbürgertum gefördert hatte, wurde durch die Absolventen der postnapoleonischen Grands Ecoles effektiv modernisiert. Zugleich nahmen die «Enarchen» in rasch wachsendem Maße leitende staatliche und wirtschaftliche Funktionen wahr, bis sie auf diesen Handlungsfeldern wie verschworene kleine Elitekorps operierten. Wie im preußischen Reformbeamtentum kannte in den Generationen der «Enarchen» jeder jeden.

Die künftige Bürgertumsforschung in globalhistorisch vergleichender Perspektive hat es mithin mit denkbar unterschiedlichen Sozialformationen zu tun. Das auf dem Weltmarkt vorherrschende englische Wirtschaftsbürgertum hat die französische Konkurrenz vor allem während der napoleonischen Kriegsära deklassiert. Das deutsche Unternehmertum führte bis zum letzten

Drittel des 19. Jahrhunderts, als sein rapider Aufstieg bis auf den zweiten Platz auf dem Weltmarkt begann, eine eher biedere binnenländische Existenz. Die Motorik der amerikanischen Exportwirtschaft konnte sich hinter dem Schutz zweier Weltmeere und beispiellos hoher Schutzzölle entfalten, bis sie die zweite große Globalisierungswelle nach dem Ende des Bürgerkriegs voranzutreiben vermochte. Für das Kleinbürgertum der Einzelhandelskaufleute, Handwerker und Spediteure, die Berufsklassen der Volksschullehrer und Angestellten lassen sich am ehesten transnational ausgeprägte Gemeinsamkeiten konstatieren. Aber das deutsche Bildungsbürgertum, die amerikanischen Rotationseliten, die «Enarchen» und die Oxbridge-Absolventen verkörperten denkbar unterschiedliche Modernisierungs- und Machteliten. Dieser Befund wirft unter anderem die Frage nach den soziopolitischen Kompetenzen und der spezifischen Problembewältigungskapazität dieser Berufsklassen auf, denn deren Herkunft, Lebenserfahrung und Sozialprofil müssen diese Eigenschaften denkbar unterschiedlich verteilt haben. Diese Frage wird dadurch noch einmal erweitert, wenn die Leistungsfähigkeit des chinesischen Mandarinentums bis zur Abschaffung des Prüfungssystems im Jahre 1905, welche das Ende des kaiserlichen Beamtenstaats markierte, und der seit den Meiji-Reformen anlaufende Aufstieg der japanischen Samurai in der zivilen Hierarchie des Tennoreichs zur Erweiterung des Kompetenzvergleichs auch noch herangezogen werden. Erst derartige Vergleichsstudien würden das Urteil über die Reformfähigkeit und Effizienz des Verwaltungshandelns auf eine belastbare Grundlage stellen, zugleich aber eine Vielzahl von sozialhistorischen Dimensionen neu beleuchten.

2. Ein zweites Beispiel: Der großen Thematik der Arbeiterforschung und Proletarisierungsgeschichte lag in der westlichen Geschichtswissenschaft seit dem Einsetzen der genaueren Untersuchungen im späten 19. Jahrhundert die Zentralfigur des freien Lohnarbeiters zugrunde, der seine Arbeitskapazität zu einem

marktkonformen Preis verkaufen musste. Aus dem gemeinsamen vitalen Interesse an der Verbesserung seiner Marktlage wurde dann die allmählich voranschreitende Homogenisierung zur sozialen Klasse hergeleitet. Darin konnten Marx und Weber übereinstimmen.

Die neue internationale Arbeiterforschung hat nun ihr Blickfeld enorm erweitert, so dass sie inzwischen eine Vielzahl von Arbeitsverhältnissen erfasst hat, in denen die heroische Schlüsselfigur des freien Lohnarbeiters ihre monopolartige Bedeutung verloren hat. Denn auf dem Globus arbeiten Arbermillionen von Menschen in einem langwierigen oder sporadischen Beschäftigungsverhältnis, das weit eher mit der klassischen Form der Sklaverei als mit freier Lohnarbeit verglichen werden kann. Abermillionen üben eine Gelegenheitsarbeit, tagelang oder wochenlang, je nach den vagen Chancen des Arbeitsmarktes aus. Die Arbeiterheere in den zeitgenössischen Diktaturen leben im Rhythmus einer Zwangsarbeit, die vom Idealtypus des freien Lohnarbeiters denkbar weit entfernt ist. Alle diese Arbeiter sind außer Stande, ihre Arbeitskraft zu einem marktkonformen Entgelt zu verkaufen. Wegen der autoritären Steuerung ihrer Arbeit können sie auch keine Organisationsfähigkeit ausbilden und als politische Akteure auftreten.

Die globalhistorische Erforschung von Arbeit und Proletarisierung bedarf daher einer weiten, unbefangenen Konzeption von Arbeit. In ihrem Rahmen wird die freie Lohnarbeit vermutlich eher zum westlichen Sonderfall werden, der bis in unsere Gegenwart hinein hinter der Übermacht ganz andersartiger Arbeitsverhältnisse zurücktritt.

3. Schließlich lenkt, um ein drittes Beispiel anzuführen, die globalgeschichtliche Perspektive auf die weithin vernachlässigten sozialen Klassen der Bauern und Landarbeiter hin, zu denen man auch den Adel noch hinzurechnen kann. Unter der Hegemonie des Industrialisierungsparadigmas nach dem Zweiten Weltkrieg ist das von Meitzen, Knapp, v. d. Goltz, Weber, Sombart,

Schmoller u. a. verkörperte lebhafte Interesse an der Agrarwirtschaft und -bevölkerung drastisch dahingeschmolzen. Webers Urteil, dass die 7,5 Millionen Landarbeiter vor 1914 die «größte deutsche Arbeiterklasse» stellten, regte keine empirische Forschung mehr an. Auch die Blut- und Boden-Romantik der Nationalsozialisten hat in der Wissenschaft keine Spuren hinterlassen. Nur der regimenahe Agrarhistoriker Günther Franz verklärte nach Kräften die Welt des deutschen «Bauernstandes». Es bleibt ein kleines Ruhmesblatt der DDR-Geschichtswissenschaft, dass ein halbes Dutzend kompetenter Agrarhistoriker ohne Rücksicht auf dogmatische Vorgaben die ostelbische ländliche Gesellschaft überzeugend weiter erforscht haben. In der Bundesrepublik griffen dagegen alte Experten wie Wilhelm Abel auf erprobte Interessen zurück, während einige wenige jüngere Historiker wie Friedrich-Wilhelm Henning und Hans-Jürgen Puhle Regionalstudien oder Analysen der effektiven agrarpolitischen Interessenverfechtung vorlegten. Dass gerade die bäuerliche Welt im Verlauf des beschleunigten Globalisierungsprozesses und der markanten konjunkturellen Schwankungen seit 1950 eine radikale Transformation erlebte – z. B. seit 1950 mit einer Reduktion der 1,9 Millionen Betriebe auf 708000 innerhalb von dreißig Jahren – hat die jüngere Sozialgeschichte nirgendwo sonderlich beschäftigt. Tatsächlich aber verwandelte sich die private Eigentümergesellschaft in ein Ensemble von hochsubventionierten, hierarchisch fein abgestuften «Versorgungsklassen» (Lepsius), deren politische Marktmacht aber noch immer so weit reicht, dass fast die Hälfte des riesigen EU-Etats der Landwirtschaft zugute kommt.

Dieser Weg, den die Agrargesellschaften der EU-Mitglieder eingeschlagen haben, ist zwar nur im globalgeschichtlichen Bedingungsgefüge herauszuarbeiten, unterscheidet sich jedoch krass von der Entwicklung der ländlichen Welt in Lateinamerika, Afrika, Ostasien, Südostasien und Indonesien. Ist der industriell erarbeitete Reichtum, der die Subventionierungsexzesse in Europa, aber auch in der nordamerikanischen, australischen und neuseeländischen Landwirtschaft überhaupt erst ermöglicht, die entscheidende Voraussetzung für diese agrarfreundliche Distributionspolitik großen Stils? Wenn die Welt zahlloser deutscher Bauern dadurch von Grund auf verändert worden ist, dass Abermillionen von ihnen in das städtische Gewerbe abwandern mussten, gilt dieser Existenztransfer ebenfalls für die europäische Landarbeiterschaft. Im letzten Jahrhundert ist sie allein in Deutschland von 7,5 Millionen auf knapp 200000 Arbeitskräfte zusammengeschmolzen. Schon die quantitative Größe dieses Vorgangs müsste eine neue Interpretation anregen. Der Vergleich mit der Landwirtschaft anderer Erdteile, wo die ländlichen Proletarier zum Teil noch eine dominierende Rolle spielen, würde das abwägende Urteil nur fördern.

Schließlich verdienen die ebenfalls lange Zeit vernachlässigten ländlichen Herrenschichten des Adels vergleichende Untersuchungen, wie sie jetzt endlich durch das Elitenprojekt von Heinz Reif gefördert werden. Während der Adel nach tausendjähriger Herrschaft in Russland, Osteuropa und Ostdeutschland von den Bolschewiki und ihren Helfershelfern eliminiert wurde, hat er sich in Europa westlich der Elbe dank seines Landbesitzes, seiner florierenden Forstwirtschaft und erfolgreich durchlaufener Berufskarrieren als prestigegewohnte Oberklasse gehalten. Hinter den regionalen Unterschieden verbergen sich gewaltige Turbulenzen, die im Vergleich zu studieren schon deshalb lohnt, weil die Niedergangsgeschichte des Adels, wenn man z. B. seinen Status um 1900 und 2000 vergleicht, durchaus unterschiedliche Eindrücke von Höhe und Tiefe vermittelt. Kontrastierende Blicke auf das adelslose Nordamerika, das adelsreiche Japan, die traditionellen Regionaleliten Indiens, die tribalistischen Stammesherren Afrikas kämen der europäischen Adelsforschung nur zugute.

Nicht zuletzt gehört aber zu den Herausforderungen der Globalgeschichte auch die Frage, ob sich die Gesellschaftsgeschichte in ihrer bisher praktizierten Form als Synthesegeschichte national verfasster Herrschaftsverbände weiter halten lässt. Oder wird die globalgeschichtliche Perspektive eine derart auflösende Kraft entfalten, dass diese Form der Nationalhistorie anderen Synthesemodellen weichen muss? Wie die geschichtswissenschaftliche Entwicklung auch verlaufen mag – die Globalgeschichte wirft nicht zuletzt für die Sozialgeschichte fundamental wichtige Fragen auf, die sich Schritt für Schritt zu beantworten lohnen.

8.

Geschichtswissenschaft und Sozialwissenschaften

Wer sich in den 1950er und 60er Jahren der Geschichtswissenschaft zuwandte, traf auf eine schlechterdings verblüffende Arroganz der deutschen Historikerzunft. Seit Ranke, das war die feste Überzeugung ihrer erdrückenden Mehrheit, habe sich die deutsche Geschichtswissenschaft nicht nur an die Spitze der internationalen Entwicklung gesetzt, sondern diese Führungsposition auch seither unangefochten weiter behauptet – bis in die unmittelbare Gegenwart hinein. Da ihr der internationale Vergleich und die lebensgeschichtliche Erfahrung von Auslandsaufenthalten durchweg fehlten, war ihr entgangen, dass die englische, französische, amerikanische Wirtschafts-, Sozial-, Politik- und Kulturgeschichte einen mächtigen Sprung nach vorn getan hatten, zudem von einer lebhaften Theoriediskussion vorangetrieben wurden. Obwohl sich zahlreiche deutsche Historiker mit dem Nationalsozialismus arrangiert, ja ihm ein erschreckendes Maß an Unterstützung verliehen hatten, blieb zunächst eine Debatte über die diskreditierten politischen und erkenntnistheoretischen Prämissen der dominierenden Denkschule des Historismus aus. Allenfalls löste der Schock von Diktatur, Vernichtungskrieg und Holocaust allmählich geradezu rührende Bemühungen um einen moralisch geläuterten Historismus aus, der sich mit einem unveränderten Bekenntnis zu seiner Hermeneutik verband.

Jene Generationsgenossen, die ich genauer kenne, haben durch ihre Auslandsaufenthalte als Studenten, alsdann als Stipendiaten und Gastprofessoren wesentliche Impulse erhalten, diese dumpfe Stagnation und die alles andere als selbstkritische Einstellung zum eigenen Fach in Frage zu stellen. Mit der konventionellen Politikgeschichte ließen sich z. B. 1933 und seine Folgen nicht befriedigend erklären. Für uns alle schienen die eher systematisch argumentierenden Nachbarwissenschaften der Soziologie, der Ökonomie, der Politikwissenschaft das größte Anregungspotential zu enthalten. Deshalb wirkte auch ein Doppelstudium der Geschichts- und der Sozialwissenschaften attraktiv. Deshalb ging auch von akademischen Lehrern, die diesen Interessen entgegenkamen, eine solche Anziehungskraft aus. Theodor Schieder in Köln zum Beispiel war ein leidenschaftlicher Weberianer und wertete deshalb auch den bedeutendsten deutschen Historiker in der ersten Hälfte des 20. Jahrhunderts, Otto Hintze, der als einziger Weber bewundernd rezipiert hatte, sehr entschieden auf. Daneben hätte der Kölner Soziologe René König, ebenfalls ein bekennender Weberianer, auf Grund seiner historischen Interessen auch neuzeitliche Geschichte lehren können. In Berlin gehörten Ernst Fraenkel und Gerhard A. Ritter zu solchen Vermittlungspersönlichkeiten. Wäre es nicht zu der seit 1933 erzwungenen Emigration zahlreicher aufgeschlossener jüngerer Historiker jüdischer Herkunft gekommen, wäre dieser Kreis noch größer gewesen.

Welche Anregungen aus den genannten Nachbarwissenschaften haben sich für Historiker als besonders folgenreich erwiesen?

1. Da steht an erster Stelle die Denkfigur von der doppelten Konstituierung von Wirklichkeit. Zum einen wird Realität durch machtvoll vorantreibende soziale, ökonomische, politische, kulturelle Prozesse, aber auch darauf beruhende restriktive Bedingungen gestaltet, deren Charakter und Durchsetzungskraft erst mit Hilfe der benachbarten Sozialwissenschaften umfassend analysiert und vor allem erklärt werden können. Eine Ahnung davon besaß selbst Gerhard Ritter, eine der konservativen Leuchten der Historikerzunft nach 1945, als er 1950 über die «Zukunftsaufgaben» der deutschen Geschichtswissenschaft schrieb: «Historie ... ohne Beherrschung der ökonomischen Grundbegriffe ... aber auch der soziologischen Methoden, führt zu bloßer Rhetorik ohne tieferen Erkenntniswert.» Doch auf Tausenden

von Seiten, die Ritter seither geschrieben hat, ist er nicht ein einziges Mal diesem Postulat auch nur von ferne gerecht geworden – und mit ihm die Mehrheit der deutschen Historiker in den 50er und 60er Jahren. Was über die strukturellen Antriebskräfte, vor allem der neuzeitlichen Realität danach herausgearbeitet worden ist, stammt aus der Kooperation mit den Nachbarwissenschaften, übrigens nicht nur in Deutschland, sondern in allen westlichen Ländern.

Zum Anderen wird Wirklichkeit durch die Perzeption der Zeitgenossen konstituiert. Diesen Nexus erfasst und in die Lehre von der Hermeneutik übersetzt zu haben, ist das unbestreitbare Verdienst des Historismus, wie das auch Max Weber mit seiner «Verstehenden Soziologie» verfochten hat. In der Regel ist diese Wahrnehmung von Realität für die Akteure ausschlaggebend. Handlungstheoretisch gesehen orientieren sie sich primär an ihr. Erst der Historiker oder Sozialwissenschaftler kann hinterher die Macht der stummen, anonymen Antriebs- und Prägekräfte angemessen zur Geltung bringen und ihre Wirkungen gewichten.

2. Der zweite Gewinn bestand aus der Teilnahme an den Theorie- und Methodendebatten, die von den Sozialwissenschaften ungleich intensiver als von den arrivierten, meist theorieskeptischen Historikern verfolgt wurden. Eine wichtige Bilanz dieser Diskussionen läuft darauf hinaus, dass sich die neukantianische Erkenntnistheorie auf der Linie Webers noch einmal als stärkster Einfluss erwiesen hat. 70 Jahre vor Habermas' «erkenntnisleitenden Interessen» ist Weber die erkenntnissteuernde Funktion von Interessen und, wie er gern sagte, Kulturwerten völlig klar gewesen, auch ihre Vergänglichkeit, wenn die großen Kulturprobleme sich verlagern und das Licht der Erkenntnisinteressen auf eine Problemkonstellation fällt, die neue Fragen und neue Antworten verlangt.

3. Geht man von den vertrauten «Cost-Benefit»-Überlegungen aus, sind einige Benefits dieser beiden Einflüsse aus den So-

zialwissenschaften auch dafür entscheidend gewesen, dass die neue Theoriediskussion der Historiker seit den 60er Jahren zur Ablehnung von theoretischen Ansätzen geführt hat. Ich nenne nur vier. Poppers universelle Theorielehre wurde nicht akzeptiert, da sie mit dem Erkenntnisverständnis, das Historiker im Allgemeinen von der Geschichte der Welt der Menschen besitzen, nicht vereinbar ist. Von Luhmanns lichten Abstraktionshöhen, auf denen seine Systemtheorie die Welt neu zu erfinden suchte, auf jenes mittlere Reflexionsniveau hinabzusteigen, das theoretisch interessierte Historiker bevorzugen, ist meines Wissens noch keinem Jünger Clios überzeugend gelungen. Ähnlich ist es mit einer neuen Kultfigur wie Foucault gegangen. Sein politisches Credo, das amerikanische Demokratie und Stalinismus gleichsetzte, später den fundamentalistischen Islamismus Chomeinis als Sieg illustrer Geister verklärte, sein beinharter Strukturalismus, der auch in der angeblichen Übermacht der Diskurse zutage trat, seine Unkenntnis der Hermeneutik und die extrem schüttere, oft irreführende empirische Basis zahlreicher Positionen – diese Defizite haben zwar nicht verhindert, dass er in Einleitungen als Theoriespender wortreich beschworen wird, ohne danach jedoch die Argumentation innovativ zu strukturieren. Übrigens scheint mir die Foucault-Diskussion in den Sozialwissenschaften in einem erstaunlichen Ausmaß an der Zufriedenheit mit einer streng immanenten Interpretation zu leiden, ohne erneut zu einem harten Test seiner Thesen, wie er früher einmal Richard Hamilton gelungen ist, überzugehen.

Um noch ein weiteres Wort der Kritik anzufügen: Ich kenne keinen Historiker, der sich so vorbehaltlos dem modischen Theorem des «Rational Choice»-Ansatzes ergeben hat, wie das zahlreiche Wirtschafts- und in ihrem Bann Sozialwissenschaftler unlängst getan haben. Zu tief saß ihre Überzeugung, dass diese schlichte Lehre über den seit Adam Smith vertrauten Idealtypus des Homo oeconomicus eigentlich nicht hinausführe, die Komplexität menschlichen Verhaltens grandios unterschätze und handlungstheoretisch gesteuerte Wirkungen vielseitiger Weltbilder auf eine simple Variable reduziere. Die Kritik der Historiker stammte freilich weithin aus dem Arsenal der theoretisch aufgeklärten Sozialwissenschaften.

4. Fragt man weiter nach den Benefits der Kooperation mit den Sozialwissenschaften, kann man wichtige Nutzeneffekte schwerlich bestreiten. Die moderne Sozialgeschichte der Ungleichheit etwa wäre ohne die Rezeption der soziologischen Hierarchietheorien und der von ihnen angeleiteten empirischen Forschung nicht zustande gekommen. Für die historische Mobilitätsforschung gilt dieselbe Anregung nicht weniger wie für die Forschung zur Habitusformierung, die altertümliche Konzeptionen von Klassenbewusstsein oder Nationalcharakter verdrängt hat. Die Wirtschaftsgeschichte hat immens von Klassikern wie Schumpeter und Polanyi, Gerschenkron und Landes, Hobsbawm und Braudel profitiert. Dagegen hat sich die einst modische Fusion von neoklassischer Theorie und mathematischen Künsten in der Ökonometrie der sogenannten Cliometriker im Grunde als Eintagsfliege erwiesen, aber trotzdem einige wichtige Perspektiven eröffnet und belastbare empirische Ergebnisse zutage gefördert.

In seinem brillanten Buch «Re-Forming Capitalism» hat Wolfgang Streeck unlängst die Irrwege der neoklassischen Theorie rigoros verurteilt und ein geradezu leidenschaftliches Plädoyer für die Historisierung der Kapitalismusanalyse im Stil einer Historischen Sozialwissenschaft gehalten. Mit einer solchen Vehemenz und Sachkunde konnte nur ein kritischer Soziologe, kein deutscher Ökonom, urteilen. Man wird sehen, ob Historiker diesen neuen Brückenschlag nutzen.

Was die Bereitschaft zum Lernen von der Politikwissenschaft angeht, scheint mir der Einfluss der Heroen der Frühzeit, etwa von Ernst Fraenkel und Richard Löwenthal, von einem Zeithistoriker wie Karl Dietrich Bracher zu schweigen, ganz so evident zu sein wie der Umstand, dass wir die Studien der letzten Großmuftis dieser Zunft, also von Klaus v. Beyme und – welch glückliche Berufungsentscheidung an seinem «ontologischen Ort» – von Manfred Schmidt bedenkenlos ausschlachten. Bei welchem Historiker könnte man auch soviel über das politische System der Bundesrepublik, über den Föderalismus, über Parteien und Verbände, über politische Theorien lernen und die systematische Gedankenführung adoptieren?

Es ist hier nicht der Ort, eine umfangreiche Bibliographie zu präsentieren, wie sich diese Einflüsse – aufs Ganze gesehen: ein großer Gewinn – auf die Geschichtswissenschaft ausgewirkt haben. Man darf aber gespannt sein, ob die «Neue Kulturgeschichte», die immer wieder die Berufung auf die Ethnologie, die Linguistik, die systematische Religionswissenschaft wie eine Monstranz vor sich herträgt, auch einmal ein solches Netzwerk mit vergleichbaren Ergebnissen nachweisen kann.

5. Das bringt uns zu einigen Kosten, zu Defiziterfahrungen im Verhältnis von Geschichtswissenschaft und Sozialwissenschaften. Was uns an der Kooperation mit den Nachbarwissenschaften vor allem interessierte, war die Aussicht, die strukturell prägenden Antriebskräfte und restriktiven Bedingungen des historischen Prozesses genauer erfassen und erklären zu können, war die Hoffnung, das theoretische Instrumentarium schärfen zu können, war die Neugier, neue Perspektiven und Methoden kennenzulernen. Manches davon ist durchaus in Erfüllung gegangen, aber da sich das Hauptinteresse auf die vermeintlich harten, bisher unseres Erachtens vernachlässigten Strukturen richtete – auf Soziale Ungleichheit, Herrschaft, Konjunktur- und Krisenzyklen, demographische Prozesse – wurden die vermeintlich «weichen» Potenzen vernachlässigt. Natürlich kannte man die fundamentale Bedeutung der «Weltbilder» in Webers Gedankenwelt, und bei den Debatten, die wir mit Wissenschaftlern aus den Regionen östlich der Elbe vor 1989 über das Dauerbrennerthema «Schlägt unser Max nicht doch euren Karl?» geführt haben, wurde das auch ausgespielt. Aber in der eigenen Arbeit und Lehre

haben wir, zum Teil wegen der Überfütterung mit Ideengeschichte während unserer Studienzeit, die verhaltenssteuernde Rolle der Weltbilder, der Religion, generell der Ideen und der mit ihnen zusammenhängenden Symbole und Rituale vernachlässigt, wenn nicht sogar übergangen. Das kann durch die Öffnung gegenüber diesen Problemen, damit auch gegenüber Forderungen der «Neuen Kulturgeschichte» korrigiert werden. Überzeugende neuere Studien belegen inzwischen, dass diese Fusion erfolgreich möglich ist.

Enttäuschend war, wie wenig unser Werben um die Nachbarwissenschaften erwidert wurde. Das mag an der fehlenden Überzeugungskraft unserer Argumente gelegen haben. Aber die fachspezifische Sozialisation erwies sich als hohe Barriere, die nur selten überwunden werden konnte. Wegen der ahistorischen Dogmatik der neoklassischen Wirtschaftswissenschaft gab es so gut wie gar keinen produktiven Response. Eine derart ermunternde Unterstützung, wie sie Streecks letztes Buch bietet, konnte typischerweise auch nicht von einem deutschen Ökonomen geschrieben werden. Unter den Fittichen von René König ließ sich gut für eine Historisierung der Soziologie plädieren. Doch geöffnet hat sich eigentlich nur Rainer Lepsius, der unter Historikern einflussreichste Soziologe in den 40 Jahren nach 1960. Das lässt sich nicht nur an der Wirkungsgeschichte seiner berühmten Aufsätze verfolgen, sondern auch an den vier Bänden über das deutsche Bildungsbürgertum (Conze/Kocka, Koselleck, Lepsius, Kocka 1985; 1989; 1990; 1992), die nach seinem theoretischen Entwurf im «Arbeitskreis für moderne Sozialgeschichte» entstanden sind.

Und die Politikwissenschaft? In den Kontroversen über eine neue, eine «moderne Politikgeschichte» haben wir für die Öffnung gegenüber dem Ideen- und Methodensortiment der Politikwissenschaft gestritten, damit endlich die ausgefahrene Bahn des «Primats der Außenpolitik» verlassen wurde. Vergebens, die Experten der Internationalen Beziehungen beharrten auf diesem

Primat. Wer aber tatsächlich eine moderne Politikgeschichte empirisch und mit theoretischer Neugier betrieb, stammte seiner wissenschaftlichen Sozialisation nach gewöhnlich aus dem Umfeld der Sozialhistoriker. Denn sie hatten jahrelang Parteien und Verbände, Populismus und Demokratiekritik usw. zu ihrem Thema gemacht und dabei selbstverständlich auf den Fundus der Politikwissenschaft zurückgegriffen.

6. Was bleibt von der Kooperationsbereitschaft mehrerer Historikergenerationen, die von den Sozialwissenschaften lernen wollten und, wohlgemerkt, weiter lernen wollen? Ohne Koketterie kann man konstatieren, dass eine beachtenswerte Literatur entstanden ist, die auch dem internationalen Vergleich Stand hält. Wie viel leichter ist es heutzutage, sich auf dieser Grundlage mit der Geschichte des deutschen Bürgertums, der Arbeiterschaft, des Adels, mit Parteien, Interessenverbänden, ideologischen Strömungen, Konjunkturen und Krisen vertraut zu machen. Umgekehrt aber hat der Transfer, die Historisierung von fremden fachspezifischen Problemen nicht, wie erhofft, funktioniert.

Bleibt Streeck vorerst der einzige Paradiesvogel, der die Politische Ökonomie des Kapitalismus mit einer Historischen Sozialwissenschaft angeht? Wo ist ein Nachfolger von Lepsius, der dessen historische Interessen teilt? Selbst mit der Politikwissenschaft, die hierzulande öfters unmittelbar neben und mit der Zeitgeschichte ihre Felder bestellt, ist keine breite Allianz gelungen. Natürlich sind die Galionsfiguren – Clio volente – enge Verwandte geblieben: Klaus v. Beymes Kompendien über die «Politischen Theorien in Deutschland 1300–2000» oder über «Politische Theorien im Zeitalter der Ideologien», auch über die alte Liebe zum «Zeitalter der Avantgarden» sind genuin historische Werke, mit einem strengeren systematischen Urteil, als es der herkömmliche Theoriehistoriker riskieren würde. Und Manfred Schmidts Analysen des politischen Herrschaftssystems der Bundesrepublik oder der Sozialpolitik sind von Anfang bis Ende historisch so durchwachsen, dass sie ohne die historische Dimension gar nicht vorstellbar sind, nicht zuletzt von daher einen Teil ihrer Überzeugungskraft beziehen.

Aber wirkt dieser Denkstil auf junge Politikwissenschaftler als Vorbild? Wie konnte sich der engstirnige und ahistorische «Rational Choice»-Ansatz als universelle Mehrzweckwaffe, als Passepartout für die Erschließung denkbar komplizierter Probleme zeitweilig durchsetzen? Die anhaltende Macht unhistorischer Denkfiguren in den Nachbarwissenschaften haben wir als Historiker vermutlich unterschätzt. Vielleicht fehlt auch die Faszination, die für uns damals vom amerikanischen und englischen Wissenschaftsbetrieb inmitten funktionstüchtiger demokratischer Systeme ausging. Neugier und der Drang nach Erweiterung des Denkhorizontes führten oft zu einem Doppelstudium. Heute glaubt man eher, neue Interessen durch die flinke autodidaktische Aneignung von Elementen fremder Fächer befriedigen zu können, wie das zurzeit die kulturhistorische Schule mit ihren Hinweisen auf Ethnologie und Sprachwissenschaft tut, scheut aber die strenge Schulung durch ein intensives Doppelstudium.

War also das Projekt einer Historischen Sozialwissenschaft oder einer sozialwissenschaftlich fundierten Geschichtswissenschaft ein Generationsphänomen, das sich nicht beliebig lange verlängern lässt? Die entscheidende Frage bleibt hier: Gibt es überlegene Alternativen? Ist die fachspezifische Eigenart der Ökonomie, der Soziologie, der Politikwissenschaft, natürlich auch der Geschichtswissenschaft – so sorgfältig wie borniert in der akademischen Sozialisation weiter vermittelt – das Non-Plus-Ultra? Bei allem Respekt für neue Präferenzentscheidungen, wie man sie bei den Kulturhistorikern, aber auch bei den «Rational-Choice»-Adepten beobachten kann, bleibt doch bestehen:

- Die Geschichtswissenschaft kann durch Offenheit gegenüber den benachbarten Sozialwissenschaften weiterhin nur gewinnen, da sie keine unkritische Übernahme von deren Theorien und Ergebnissen pflegt, aber eigene Grenzen so überwinden kann.

- Dieselben Nachbarwissenschaften aber könnten durch eine Historisierung ebenfalls nur an Realitätsnähe und Erklärungskraft gewinnen, so zähflüssig dieser Prozess auch verlaufen mag. Deshalb brauchen wir Schlüsselfiguren wie Klaus v. Beyme, die auf die Geschichtswissenschaft als politikwissenschaftliche Anreger, auf die Politikwissenschaft als Verfechter der historischen Dimension wirken.

9.

Rückblick und Ausblick:
Politikwissenschaft und Geschichtswissenschaft

Die Dominanz der Geschichtswissenschaft, die sich seit dem ausgehenden 18. Jahrhundert als akademisches Fach etabliert hatte, führte geraume Zeit dazu, dass sich ein selbständiges Lehr- und Forschungsfeld als «Lehre von der Politik» nicht entfalten konnte. Die seit der antiken und mittelalterlichen Politischen Philosophie durchaus aktive Politiklehre von der «guten Ordnung» des Lebens wurde jedoch im Gehäuse anderer Disziplinen weiter betrieben. Zu ihnen gehörten etwa außer der Philosophie die eng mit der Jurisprudenz verbundene Staatswissenschaft, die Kameralistik als Frühform der Politischen Ökonomie, erst recht dann die Ältere Historische Schule der Nationalökonomie, die von Karl Knies, Bruno Hildebrand und Wilhelm Roscher repräsentiert wurde; Roschers Handbuch zur «Politik» fungierte als ein vielgelesenes Kompendium.

Bekanntlich wurde in dieser Zeit die deutsche Geschichtswissenschaft überwiegend als Politikgeschichte verstanden. Von ihr ging ein dauerhafter Sog aus, der auch die herkömmlichen Probleme der Politiklehre an den Historikerbetrieb band. Dem dort herrschenden Selbstbewusstsein, das im Zeichen der geistigen Macht des einflussreichen Historismus eine solche Anbindung mit seinem Hegemoniedenken mühelos rechtfertigte, erschien dieses Ausgreifen als geradezu natürliches Anrecht. Die am Ausgang des 18. Jahrhunderts berühmte Göttinger Schule der Schlözer, Spittler, Pütter, Achenwall, Meiners, welche die unterschiedlichsten Dimensionen der historischen Entwicklung in ihren synthetischen Entwürfen ins Auge fassten, sah in dieser Politiklehre eine selbstverständliche Aufgabe. Schlözer etwa setzte sie in seiner Zeitschrift, den «Staatsanzeigen», dem «Spiegel» des ausgehenden 18. Jahrhunderts, ganz unverhohlen in tagespolitische Beratung um.

Das historische Urteil der Ranke-Schule wich den politischen Problemen keineswegs aus, schob sie aber überwiegend in die quellennahe empirische Detailforschung oder in die Urteilskategorien ab, die ihre Werke zu strukturieren halfen. Das lässt sich an den von der «Borussischen Schule» verfochtenen Erkenntnisinteressen, die Preußen im Sinne der «Erfindung einer Tradition» die historische Mission einer kleindeutschen Nationalstaatsgründung zuschrieben, mühelos ablesen.

Ganz explizit wurden jedoch Fragen, für die sich später die Politikwissenschaft zuständig erklären sollte, von anderen Wissenschaften verfolgt. So widmeten Juristen wie Johann Caspar Bluntschli, Karl v. Rotteck und Karl-Theodor Welcker einen Gutteil ihrer Schaffenskraft im Grunde genommen politikwissenschaftlichen Projekten. Bedeutende Staatswissenschaftler wie Robert v. Mohl und Lorenz v. Stein griffen während ihrer nahezu 40jährigen Universitätstätigkeit immer wieder genuin politikwissenschaftliche Probleme auf. Als der 24jährige Historiker Heinrich v. Treitschke – dieses wissenschaftsgeschichtlichen Kontextes durchaus bewusst – seine fulminante Kritik der «Gesellschaftswissenschaft» veröffentlichte, las sich diese Leipziger Habilitationsschrift streckenweise wie ein politikwissenschaftlicher Traktat, und Treitschkes berühmt-berüchtigte «Politik»-Vorlesungen an der Berliner Universität zehrten von einem jahrzehntelangen verfolgten Interesse.

Während Treitschke 1858 auch noch systematische, analytische Interessen verfolgt hatte, ist in der deutschen Historiographie des Kaiserreichs das Interesse daran nahezu verschwunden. Bei den großen Ausnahmefiguren wie Otto Hintze und Max Weber ist es allerdings typischerweise alles andere als erloschen. Hintze hat ja auch Treitschkes Politik-Vorlesungen an der Berliner Fakultät fortgesetzt. In seinem großen Projekt einer weit angelegten, vergleichenden europäischen Verfassungsgeschichte fügte sich seine zusehends von Weber inspirierte Regimenlehre fugenlos ein. Und Weber selber entfaltete in seiner Soziologie der politischen Herrschaft ein ausgreifendes kategoriales Angebot, das mit universalhistorisch angelegten empirischen Befunden verkoppelt wurde.

Der Sonderstatus dieser beiden Männer darf freilich nicht darüber hinwegtäuschen, dass genau wie in den vorausgegangenen Jahrzehnten illustre Köpfe in den Nachbarwissenschaften auch sinngemäß politikwissenschaftliche Probleme verfolgten. Das taten etwa an ihrer Spitze der Heidelberger Rechtsgelehrte Georg Jellinek und der Berliner Ökonom Gustav Schmoller. Der von Schmoller geleitete «Verein für Socialpolitik» betreute zahlreiche innovative Projekte, die als politikwissenschaftliche Arbeiten charakterisiert werden können. Ebenso enthielt der Thesaurus des neunbändigen «Handwörterbuchs der Staatswissenschaften» eine Fülle von kompetenten Artikeln, die in anderer Terminologie durchaus als politikwissenschaftlich gelten konnten. Nur zum Status einer selbstständigen Fakultät vermochte es dieses Wissensgebiet angesichts des erbitterten Widerstands der etablierten Disziplinen nicht zu bringen.

In anderen Ländern herrscht dagegen eine größere Flexibilität. So gründete etwa John Burgess – von seinem Deutschlandstudium während der 1870er Jahre, namentlich bei Theodor Mommsen, hellauf begeistert – aus dem New Yorker Columbia College die ganz nach deutschem Vorbild ausgerichtete Columbia Universität mit einem eigenen Fachbereich Politikwissenschaft (seit 1880); 1892 erschien sein einflussreiches Lehrbuch der Politikwissenschaft, das Hintze als sachkundige Einführung in die angelsächsische Fachdiskussion diente. Ähnlich aufgeschlossen reagierte man in Frankreich mit der bereits 1871 gegründeten «Ecole des Sciences Politiques», in England mit dem Lehrstuhl von James Bryce und später mit der «London School of Economics and Politics».

Angesichts des deutschen Defizits an formalisierter Lehre und Forschung in der Politikwissenschaft verkörperte die 1919 gegründete «Deutsche Hochschule für Politik» einen Anlauf, diese Lücke endlich durch eine innovative Gründung zu schließen. Der Unterrichtsbetrieb, durchaus vielseitig angelegt, litt indes unter dem bitteren Streit zwischen linksliberalen und rechtskonservativen Dozenten. Zur Politikberatung im Stil eines regierungsnahen intellektuellen «Think Tank» hat es diese Hochschule daher nie gebracht. Da sie im Kern als republikfreundliche Institution galt, unterlag sie sogleich dem Verbot der nationalsozialistischen Machthaber.

Deren Anhänger schufen alsbald als neuen institutionellen Mittelpunkt nationalsozialistischer Politikforschung die regimekonforme Berliner «Auslandwissenschaftliche Fakultät», in der geopolitische Interessen zusammen mit einer dubiosen «Feindforschung» betrieben wurden. Insofern wurden die institutionellen Ansätze der Weimarer Republik unter radikal veränderten Vorzeichen weiterverfolgt. Doch der Lehrbetrieb – von seriöser Forschung mag man an keiner Stelle sprechen – stand ganz im Zeichen einer NS-hörigen «kämpfenden Wissenschaft». Kein Element dieser NS-Schule hat den Wechsel in die Nachkriegszeit überlebt.

Das galt auch für die namentlich von dem Schmitt-Schüler Ernst Rudolf Huber wiederbelebte «Neue Staatswissenschaft», die ebenfalls den programmatischen politikwissenschaftlichen Impetus verfolgte, aber während ihrer kurzlebigen Existenz durchweg auf völkische Ideen und das Leitbild der charismatischen Führerdiktatur verpflichtet wurde. Politisch gereinigt lebten wesentliche Impulse in Hubers siebenbändiger «Deutschen Verfassungsgeschichte» (1957–1984) weiter, der erkennbar sein Modell einer synthetisierenden «Staatswissenschaft» zugrunde lag.

Blickt man mithin auf das Jahrhundert zwischen 1850 und 1950 zurück, kann man von der Etablierung einer selbstständigen Politikwissenschaft in Deutschland im Grunde nicht sprechen. Nur Spurenelemente im Werk bedeutender Wissenschaftler lassen sich davon finden. Vom Aufstieg der deutschen Geschichtswissenschaft ging zwar eine international wirksame Ausstrahlung aus, doch die Kultur- und Sozialwissenschaften zahlten dafür u. a. den Preis, dass die autonome Politikforschung an die Peripherie gedrängt wurde. Meist wurden ihre Probleme von der erzählenden Politikgeschichte okkupiert, dabei aber um zentrale analytische Dimensionen verkürzt. Oder sie wurde von bedeutenden Geistern gewissermaßen als Nebenfach verfolgt – man denke wieder an Weber und Hintze, Jellinek, Schmoller und Schumpeter. Einige ihrer intellektuellen Leistungen konnten sich zwar durchaus mit den Ergebnissen der Politikforschung in anderen westlichen Ländern messen, doch eine institutionelle Konsolidierung blieb aus.

Es war daher durchaus ein dezidierter Neuanfang, als in der jungen Bundesrepublik der Aufbau der Politikwissenschaft als «Demokratiewissenschaft» in Gang gesetzt wurde. (Im ostdeutschen Satellitenstaat des Sowjetimperiums wurde dagegen das Fach nie installiert.) Der maßgebliche Einfluss ging von der amerikanischen Besatzungsmacht aus, welche diese Institutionalisierung, gestützt auf die Tradition ihres eigenen Wissenschaftsbetriebs, nach Kräften förderte. So entstanden in schneller Abfolge an westdeutschen Universitäten Lehrstühle oder sogar gleich ganze Institute für Politikwissenschaft, an denen nicht wenige Remigranten aus den USA, anders als in den anderen Kulturwissenschaften, ihre Tätigkeit entfalten konnten. Überhaupt war das neue akademische Personal durchaus heterogen zusammengesetzt. In Berlin wurde an der Freien Universität das wichtigste Zentrum des neuen Fachs geschaffen. Dort baute Ernst Fraenkel (brillanter linker Jurist und soeben aus dem amerikanischen Exil zurückgekehrt) zusammen mit Richard Löwenthal (einst Chef des kommunistischen Jugendverbandes, inzwischen scharfsinniger Kenner des Ost-West-Konflikts) erneut die Hochschule für Politik und das Institut für Politische Wissenschaft, schließlich das Otto-Suhr-Institut mit zahlreichen Kollegen wie Otto H. v. d. Gablentz, Gerd v. Eynern, Ossip K. Flechtheim, Otto Stammer, Arcadius Gurland u. a. auf. Alsbald stießen jüngere Wissenschaftler wie Karl Dietrich Bracher, Gerhard A. Ritter und Kurt Sontheimer hinzu. In Freiburg baute Arnold Bergsträsser, wegen seiner dubiosen politischen Haltung am Ende der Weimarer Republik und zu Beginn der NS-Zeit durchaus umstritten, eine dezidiert linkskonservative Schule auf. Nach Köln wurde Heinrich Brüning, als gescheiterter Reichskanzler einer der Totengräber der Republik, berufen, da sich an dieser damals noch städtischen Hochschule der politische Katholizismus der alten Zentrumszirkel als durchsetzungsfähig erwies – zum Leidwesen der Studenten, denen Brüning mit monotoner Besessenheit immer wieder verkündete, wie er wenige Meter vor dem Ziel von sinistren Kräften gestürzt worden sei. Nach Tübingen und Heidelberg wurden Theodor Eschenburg und Dolf Sternberger, nach Marburg Wolfgang Abendroth, nach Frankfurt Carlo Schmid als einflussreiche Außenseiter geholt.

Zur Ausrichtung am amerikanischen Vorbild, das an den allermeisten Instituten dominierte, gehörte nicht nur die Übernahme von Curricula und Forschungsschwerpunkten, sondern auch der Professionalisierungstrend, der zur Gründung eines Fachverbandes und zweier Zeitschriften führte. Ähnlich wie die vom amerikanischen Wissenschaftsbetrieb nachhaltig beeinflusste westdeutsche Soziologie vermochte sich auch die Politikwissenschaft als selbstständige Disziplin endlich zügig durchzusetzen. Im Verlauf der Studentenbewegung von 1967/69 wurde sie zwar durch linksradikale Wirrköpfe, die sich durchweg durch ihre fehlende wissenschaftliche Expertise auszeichneten, heftig gebeutelt, konnte sich aber, wie auch die Soziologie, nach dem kurzen neomarxistischen Zwischenspiel konsolidieren. Seither hat sie es mit den üblichen Alltagsproblemen der Massenuniversität, der

Finanzierungssicherung, der Nachwuchsförderung, der Forschungsexpansion zu tun.

Darüber hinaus sieht auch sie sich gravierenden methodischen, theoretischen, interpretatorischen Problemen gegenüber, die über kurz oder lang über die Qualität und Resonanz ihrer Leistungen entscheiden. Verfolgt man die Beiträge in der «Politischen Vierteljahresschrift», überhaupt den hohen Ausstoß fachwissenschaftlicher Veröffentlichungen, trifft man auf eine Vielzahl konventioneller, oft auch modischer Themen. Die schmalbrüstige kulturalistische Strömung hat sich erstaunlich oft durchgesetzt, an der Behandlung von Migranten, der Gender-Frage, den Verbands- und Parteithemen, den postkolonialen und subalternen Studien herrscht kein Mangel. Auffällig ist jedoch das eklatante Fehlen der historischen Tiefendimension, damit offenbar zusammenhängend die Abwesenheit von komplizierten, gleichwohl pressierenden Problemen, denen sich namentlich jüngere Adepten dieser Sozialwissenschaft nur selten stellen. Vielleicht werden sie ja auch zu selten mit Nachdruck auf sie hingewiesen. Einige dieser Probleme seien als Beispiele für solche Bewährungsproben genannt.

1. Warum schalten sich deutsche Politikwissenschaftler nicht in die hochkontroverse Debatte über die Soziale Ungleichheit der deutschen Gesellschaft, aber auch in den europäischen Gesellschaften ein? Hier handelt es sich um ein Fundamentalproblem, dem die deutsche Soziologie im Bann der kulturalistischen Welle – von rühmenswerten Ausnahmen wie Geißler, Hartmann, Mayer, Hradil, Glatzer, Zapf u. a. abgesehen – in einem erstaunlichen Maß jahrelang ausgewichen ist. Zahllose Milieus und Lebensstile sollen angeblich heutzutage im Zuge der Pluralisierung und Individualisierung die soziale Realität bestimmen. Die harten sozialstrukturellen Konstanten der sozialen Klassen und die sie legitimierenden Weltbilder gelten dagegen als anachronistisches Gerümpel. Die empirische Ungleichheitsforschung im Stil von Geißler u. a. weist jedoch die Persistenz der vertrauten Un-

gleichheitsdimensionen nach, die mit der Raffinesse von Pierre Bourdieus Interpretation der «Feinen Unterschiede» inzwischen noch ungleich präziser als zuvor ermittelt werden können.

Gerade wegen des eklatanten Defizits der deutschen Soziologie in der Ungleichheitsforschung stellen sich hier zahlreiche offene Forschungsprobleme, mit deren Klärung sich nicht nur Sozialhistoriker, sondern auch Politikwissenschaftler Meriten erwerben können. Ein imponierendes Beispiel, wie man an die Spitze der Diskussionselite gelangen kann, ist Manfred Schmidts Handbuch zur «Sozialpolitik in Deutschland» (2005³) in dem der Kampf gegen die Transformationskosten und Ungleichheitsfolgen präzis, dazu in vergleichender Perspektive analysiert wird. Neben den brillanten Studien des Soziologen Franz-Xaver Kaufmann sowie der beiden Historiker Hans Günter Hockerts und Gerhard A. Ritter beweist dieses Buch, was ein engagierter Politikwissenschaftler zur Debatte beitragen kann.

2. Die Ungleichheitsthematik lässt sich mit der Debatte über die Zivilgesellschaft verknüpfen, unter welchem Namen die aus dem 18. Jahrhundert stammende normative Zielutopie der «Bürgerlichen Gesellschaft» fröhliche Urständ feiert. Nun hat die deutsche historische Forschung zum Bürgertum, damit auch zur «Bürgerlichen Gesellschaft», seit den frühen 1980er Jahren einen beispiellosen Aufschwung erlebt. In einem Bielefelder SFB-Projekt über die «Sozialgeschichte des deutschen Bürgertums im Internationalen Vergleich» und von einer Frankfurter Arbeitsgruppe zum städtischen Bürgertum unter Leitung von Lothar Gall sind Aberdutzende von aufschlussreichen Monographien und Hunderte von Aufsätzen entstanden, die das Wirtschafts- und Bildungsbürgertum mit geschärften Konturen in neuem Licht erscheinen lassen. Da die «Zivilgesellschaft» eine der wenigen attraktiven Utopien der westlichen Welt verkörpert, bietet der Stand der Bürgertumsforschung auch für Politikwissenschaftler zahlreiche bisher ungenutzte Chancen, sich in eine laufende Debatte über Kernprobleme unserer Gegenwart einzuklinken.

3. Fallen einem zunächst außerordentlich wenige Politikwissenschaftler ein, welche diese Chance bisher genutzt haben, stellt sich dieselbe Verblüffung im Hinblick auf die kritische Analyse des gegenwärtigen Kapitalismus ein. Der beschleunigte Globalisierungsprozess hat die kapitalistische Expansion in einem beispiellosen Tempo vorangetrieben, der Zusammenbruch der internationalen Finanzmärkte eine beispiellose Krise ausgelöst. Nimmt man das Axiom der Standortgebundenheit wissenschaftlicher Forschung in gebührendem Maße ernst, drängen sich diese Globalisierungs- und Krisenprobleme zur wissenschaftlichen Bearbeitung geradezu auf. In letzter Zeit ist aber in Deutschland nur die exzellente Fundamentalkritik von Wolfgang Streeck (Re-Forming Capitalism, 2008) erschienen, die sich auch in methodischer Hinsicht durch ihr leidenschaftliches Plädoyer für eine Historische Sozialwissenschaft auszeichnet.

Diese Mahnung kommt zur richtigen Stunde. Denn die Fragen der Ungleichheit, der Zivilgesellschaft, der Kapitalismusentwicklung lassen sich angemessen nur durch eine entschlossene Historisierung der einschlägigen Forschung erfassen. Daran mangelt es seit langer Zeit in der deutschen Politikwissenschaft allenthalben, obwohl die historische Dimension in den Anfangsjahrzehnten der deutschen Politikwissenschaft nach 1949 unübersehbar präsent war. Eine ihrer früh aufgestiegenen Führungsfiguren, Karl Dietrich Bracher in Bonn, war seiner wissenschaftlichen Ausbildung und Herkunft nach ganz und gar ein Historiker, der sich auf das neue Feld der in Westdeutschland erfundenen «Zeitgeschichte» mit anhaltendem Erfolg konzentrierte. Seine exzellente Analyse der «Auflösung der Weimarer Republik» gehört zu den aufschlussreichsten Büchern aus dem ersten halben Jahrhundert der Bundesrepublik. Trotz seiner andersartigen wissenschaftlichen Sozialisation hat auch der Heidelberger Politikwissenschaftler Klaus v. Beyme die wichtigsten seiner dank anhaltender Produktivität hervorgebrachten Arbeiten innerhalb eines weit gedachten historischen Horizonts angesiedelt. Man vermag keinen jüngeren Konkurrenten zu sehen, der v. Beymes Klassiker über die «Parlamentarischen Systeme Europas» oder seine beiden Theoriekonvolute, die «Politischen Theorien im Zeitalter der Ideologie 1789–1945» (2002) und die «Geschichte der Politischen Theorien in Deutschland 1300–2000» (2009) auch nur von fern übertreffen könnte. Der Gewinn an Interpretationsschärfe und Problembewusstsein ist bei diesen Studien ganz unübersehbar. Die strenge Historisierung zahlt sich rundum aus. Sie ist jetzt umso mehr geboten, als die anhaltende Ausdifferenzierung der Politikwissenschaft zu einer schier unübersehbaren Fragmentierung und Segmentierung von Forschung und Lehre mit einer riesigen Fülle von Gegenständen und Fragestellungen geführt hat. Die Konzentration auf komplexe Probleme wie Ungleichheit, Zivilgesellschaft, Kapitalismus würde durch die Einbettung in die historische Dimension nur gewinnen.

Stattdessen hat die «Rational-Choice-Theorie» aus dem Umfeld der neoklassischen Ökonomie auch unter zahlreichen Politikwissenschaftlern den Nimbus einer sozialwissenschaftlichen Meistertheorie gewonnen. Wenn es unter ihnen eine Strömung gibt, einer einzigen Theorie zur Zeit die theoretische Hegemonie zuzutrauen, dann ist es die «Rational-Choice-Lehre», welche die Politikwissenschaft immer näher an eine dogmatisch verengte Mainstream-Ökonomie heranrückt. Denn im Grunde handelt es sich um einen alten Idealtypus, der den klassischen «Homo Oeconomicus» mit seinem streng rationalen Interessenkalkül als neue Erfindung ausgibt – und sich zahlreichen Einwänden aus den Nachbarwissenschaften nicht stellt, die eine Überfülle von Entscheidungspräferenzen gegen die rationalen Optionen ins Feld führen können.

Der Einfluss der ökonomischen Ideen wird zu Schumpeters Entsetzen von dieser Theorie so gut wie völlig ignoriert. Die Wirtschaftsgeschichte gilt als empiristisches Sammelbecken an Informationen, die man getrost auch ignorieren kann. Kurzum, die im Bann der «Rational-Choice-Theorie» stehende Schule der

Ökonomie hält diese Theorie für so überlegen, dass ihre Genese, ihre Belastbarkeit, ihr Erklärungsbedarf gar nicht weiter analysiert zu werden braucht. Dieses arrogante Selbstbewusstsein scheitert freilich z. B. an extrem erklärungsbedürftigen Problemen wie der Analyse des Aufstiegs und Niedergangs des Neoliberalismus einschließlich der Reaganschen und Thatcherschen Wirtschaftspolitik; es scheitert auch, und zwar in einem geradezu niederschmetternden Ausmaß, an der wissenschaftlichen Erfassung der internationalen Finanzmarktkrise und ihren gravierenden Folgen. Warum so viele Politikwissenschaftler die «Rational-Choice-Theorie» dennoch derart wohlwollend – vielleicht sogar wegen ihrer intellektuellen Simplizität? – aufgreifen, ist nicht leicht zu erklären, liegt aber wohl weithin an der fachwissenschaftlichen Unkenntnis, mit der sie einer kritischen Politischen Ökonomie und fundierten historischen Kenntnissen gegenüberstehen. Die Lektüre von Streecks großartigem Wurf könnte sie alsbald eines Besseren belehren, und auch der Kontakt mit den Sozial- und Wirtschaftshistorikern würde sie mit deren einmütiger Kritik konfrontieren, mithin zu einer kritischen Revision bewegen können.

Ungleich lohnender ist die Hinwendung zum «Neuen Institutionalismus», der in der Ökonomie seine neue Aufstiegsphase hinter sich hat. Denn für jeden Kenner der Theoriegeschichte ist dieser sogenannte «Neue Institutionalismus» nur eine Reprise der historisch gesättigten Institutionenlehre, die Gustav Schmoller und andere produktive Köpfe der Jüngeren Historischen Schule der Nationalökonomie vor gut 130 Jahren entfaltet haben. Der gegenwärtige Institutionalismus besitzt den großen methodischen und theoretischen Vorzug, dass ihm ein strukturelles Verständnis der sozialen Welt zugrunde liegt. Ihn interessiert die Prägung durch Konflikte, die Privilegierung von Interessen, der Einfluss handlungsleitender Weltbilder, die Analyse jener Instrumente, die zur Lösung kollektiver Handlungsdilemmata zur Verfügung stehen. Im Anschluss an ihn lässt sich der Überlegenheitsanspruch der kulturwissenschaftlichen Welle, aber auch der «Rational-Choice-Theorie», zurückweisen und eine realitätsnahe Analyse unter bereitwilliger Berücksichtigung der historischen Dimension verfolgen.

10.

Eine Glanzleistung der modernen Kriegsgeschichte

Die ebenso umstrittene wie verklärte Geschichte der Wehrmacht im Rahmen eines wissenschaftlichen Großprojekts aufzuarbeiten – das wäre vor 30 Jahren die genuine Aufgabe des Münchner Instituts für Zeitgeschichte gewesen. Stattdessen gebührt der Ruhm, sich mit seinen beiden Wehrmachtsausstellungen dieses heiklen Themas endlich angenommen zu haben, dem Hamburger Forschungsinstitut von Jan Reemtsma. Wie kontrovers die Debatte über diese Ausstellung auch immer verlaufen ist, am Ende blieb von dem Tabu, das die Rolle der Wehrmacht im «Dritten Reich» und seinem Vernichtungskrieg so lange geschützt hatte, denkbar wenig übrig. Ihre militärische Leistungsfähigkeit wurde zwar weiterhin anerkannt. Doch von den 18 Millionen Männern, die auf zahlreichen Kriegsschauplätzen zwischen Ostfront und Atlantik, Narvik und Nordafrika die Befehle der Führerdiktatur ausführten, waren auch Hunderttausende an Kriegsverbrechen, Liquidationen, Holocaustaktionen beteiligt. Dem Verhalten eines solchen militärischen Massenapparats ist, wie die Kontroversen der letzten sechs Jahrzehnte erwiesen haben, nicht leicht gerecht zu werden, wenn man von einer plakativen Schwarz-Weiß-Malerei Abstand halten will.

Schließlich hat sich auch das Institut für Zeitgeschichte mit kompetenten Mitarbeitern der Herausforderung der Wehrmachtsproblematik in einer eigenen Publikationsreihe gestellt. Zu den überzeugenden frühen Leistungen gehörte z. B. die von Christian Hartmann geschriebene Biographie von Hitlers Generalstabschef Halder (1991). Derselbe Autor hat soeben eine mit akribischer Sorgfalt verfasste Geschichte der Wehrmacht im ersten Jahr des Krieges gegen die Sowjetunion vorgelegt, ein umfangreiches Opus von gut 930 Seiten.[1] Selbstverständlich kann Hartmann nicht die gesamte Mammutorganisation der deutschen Streitkräfte behandeln. Vielmehr hat er ein geschickt ausgewähltes Sample von fünf Verbänden in den Brennpunkt seiner Interessen gerückt: Eine Elitedivision (4. Panzerdivision), zwei reguläre Infanteriedivisionen (die 296. und 45.) und zwei Sicherungseinheiten im Hinterland der Hauptkampflinie. Mit diesen, wegen ihrer horrenden Verluste ständig ergänzten Einheiten werden etwa hunderttausend Soldaten mit einem imponierend hohen Maß an Genauigkeit erfasst. Diese Verbände können in der Tat als prototypische Repräsentanten der Wehrmacht im Ostkrieg angesehen werden, sie verkörpern ein überzeugendes Sample.

Hartmann hat seine Studie in fünf Blöcke unterteilt. Zuerst werden die Divisionstypen präzise vorgestellt. Ihnen folgt eine Analyse der Sozialstruktur, der Kaderbildung, des Auszeichnungswesens, der Verluste. Eindringlich wird das gesamte erste Kriegsjahr geschildert: vom Durchbruch im Sommer 1941 bis zur Krise im Winter 1941/42 und zum Patt des Stellungskrieges. Knapper fällt der Überblick über die Kampfräume aus, die ca. 20 Kilometer breite HKL und das Hinterland, alsbald Schauplatz des Partisanenkriegs und einer barbarischen Besatzungsherrschaft. Am ausführlichsten kommen die Verbrechen im Hinterland zur Sprache: die Aktionen des Holocaust, der Partisanenbekämpfung, der verbrannten Erde auf dem Rückzug.

Obwohl die Grundlage der Argumentation durch das erwähnte Divisionssample gebildet wird, nähert sich die Darstellung streckenweise doch einer Art von Totalgeschichte des Ostkrieges. Soweit ich zu sehen vermag, gibt es bisher keine einzige deutschsprachige Monographie, die derart umfassend ein Kriegsjahr präzise zu präsentieren versteht. Die Dichte der Belege aus einem riesigen Quellenmaterial muss auch den Kenner bestechen. Daher gewinnt die Studie über lange Strecken einen geradezu enzyklopädischen Charakter. Das ist ein großer Gewinn für jeden Wissenschaftler und auch historisch interessierten Leser. Allerdings ist damit auch ein Preis verbunden: Leserfreundlich kann die empirische Informationsfülle einer Enzyklopädie nicht sein.

Doch als weit ausgreifendes Handbuch eines fatalen Kriegsjahres, das mit beispielloser Genauigkeit geschildert wird, wären die Vorzüge dieser Studie nur unzureichend charakterisiert. Der bestechende Grundduktus dieser Monographie ist vielmehr das streng durchgehaltene Bemühen um ein gerechtes Urteil. Man kann das als geradezu banale Aufgabe jeder historischen Problemanalyse bezeichnen. Doch fällt ihre Bewältigung angesichts der Massentötungen und Völkermordexzesse dieses Ostkrieges besonders schwer. Von jeder Beschönigung ist Hartmanns Sprachstil und Begriffswelt jedoch weit entfernt. Es verdient daher alle Anerkennung, wie der Autor an der Gerechtigkeitsmaxime festgehalten hat, ganz gleich, ob es sich um das Urteil über abscheuliche Vernichtungsaktionen oder um eher verständnisvoll registrierte Zwangslagen handelt.

Indem man diese Fähigkeit zur gerechten Beurteilung der düstersten Aspekte von Vernichtungskrieg und Holocaust anerkennt, tritt der Unterschied zu Texten, welche die erste Wehrmachtsausstellung mit einer Kontinuität von Horrorgeschichten begleitet haben, überdeutlich zu Tage. Hartmanns Studie über die Wehrmacht im ersten Jahr des Ostkrieges stellt eine Glanzleistung moderner Militär- und Kriegsgeschichte dar.

11.

Ehrung für Fritz Stern

Seit mehr als einem halben Jahrhundert gehört der Historiker Fritz Stern zu den profiliertesten amerikanischen Deutschlandexperten. Das ist eine ganz ungewöhnliche Leistung, die auf einer doppelten Grundlage beruht. Die erste Basis bildet das imponierende wissenschaftliche Werk, die zweite besteht aus der Aktivität Sterns als «Public Intellectual», der bei zahlreichen Gelegenheiten in die Diskussion der deutschen Probleme wirkungsvoll eingegriffen hat. Insofern stellen Sterns Autobiographie «Fünf Deutschland und ein Leben» und die mit Helmut Schmidt geführten Gespräche «Unser Jahrhundert», beide zu Bestsellern avanciert, auch eine aus eigener Feder stammende Bilanz dieser Doppelexistenz dar.

Entgegen dem neuen Trend hin zur Sozialgeschichte, der damals aufkam, entsprang Fritz Sterns Dissertation über den deutschen «Kulturpessimismus als politische Gefahr» einer dezidierten Option für eine moderne politische Ideengeschichte, deren Durchbruch als «New Intellectual History» im Allgemeinen erheblich später einsetzte. Stern nahm bei diesem an der Columbia University laufenden Projekt – unterstützt von Mentoren wie Lionel Trilling und Jacques Barzun, die im New Yorker Intellektuellenmilieu als gestandene Liberale eine wichtige Rolle spielten – die präzise Analyse der «nationalen Ideologie in Deutschland» vor, die er an drei Repräsentanten der Konservativen Revolution: an Paul de Lagarde, Julius Langbehn und Arthur Moeller van den Bruck vorführte. Dieses erste Buch etablierte Fritz Sterns Ruf als Zeithistoriker, der die Geschichte des Kaiserreichs und der Weimarer Republik, damit aber auch die Vorgeschichte des Nationalsozialismus auf neuartige Weise ausleuchtete. Seither durften diese Figuren und ihre Wirkung in der Ideengeschichte der Hitler-Bewegung nicht mehr fehlen.

Fritz Stern blieb seiner Universität in New York treu und schrieb dort, ein glänzender Beweis seiner Vielseitigkeit, in den folgenden Jahrzehnten neben seiner intensiven Lehrtätigkeit in einer Verbindung von Politik-, Mentalitäts- und Sozialgeschichte sein berühmtestes Buch: «Gold und Eisen» über «Bismarck und seinen Bankier Bleichröder». Damit drang er an zwei prominenten Beispielen in die innere Machtgeschichte des deutschen Kaiserreiches von 1871, zugleich aber auch in die Minderheitsgeschichte der jüdischen Deutschen und in die Spannungen ihrer Symbiose vor. An der vierzigjährigen Kooperation zwischen Bismarck und seinem Bankier Bleichröder, dem Vertreter der internationalen Finanzmacht der Rothschilds in Berlin, ließen sich zahlreiche Aspekte dieser beiden Problemfelder innovativ erörtern.

Mit dem voluminösen Band reihte sich Stern endgültig in die Spitzengruppe der amerikanischen Deutschlandhistoriker um Gordon Craig, Carl Schorske, Arno Mayer, Henry Turner, Jim Sheehan, Gerald Feldman u. a., ein. Es war eine Generation, die sich durch die Erfahrung des Nationalsozialismus und vor allem des Zweiten Weltkriegs zur Faszination durch die deutsche Geschichte hingezogen fühlte und die Diskussion der deutschen Historiker seit den 1960er Jahren maßgeblich beeinflusst hat.

Eine besondere Stärke Fritz Sterns lag in der Komposition aufschlussreicher, glänzend formulierter Essays, in denen er seine vielfältigen Interessen verfolgte. Ihre Wirkung hing auch mit seiner Doppelsprachigkeit zusammen, mit der Stern (Jahrgang 1926) aufgewachsen war. Er hatte als Junge seine Heimatstadt Breslau in die Emigration nach Amerika verlassen müssen. Diese Essays sind in mehreren Sammelbänden zusammengefasst, z. B. «Das Scheitern illiberaler Politik» (1972), «Der Traum vom Frieden und die Versuchung der Macht» (1988), «Verspielte Größe»

(1996), «Die zweite Chance» (1992), «Das feine Schweigen» (1999).

Zu dem politischen Engagement des durch und durch liberalen Kopfes gehört auch seine mutige Intervention in emotional hochaufgeladenen Kontroversen. Als der Berliner Historikertag von 1964 von den Konservativen als Tribunal für den Hamburger Historiker Fritz Fischer gedacht war, dessen bahnbrechende Studie über die deutschen Kriegsziele im Ersten Weltkrieg (und bis 1945!) die Diskussion der letzten Jahre bestimmt hatte, sprang ihm Fritz Stern als einer von Wenigen mit einer mutigen Verteidigung bei, die ihm den Beifall der jungen Historiker sicherte. Als die Studentenunruhen von 1968 auch die Columbia University erreichten, gehörte Stern zu den standfesten Verteidigern des autonomen wissenschaftlichen Betriebs, der den Exzessen entschieden entgegentrat. Und als Daniel Goldhagen 1996 mit seiner Schaumschlägerei über den angeblich jahrhundertealten deutschen Vernichtungsantisemitismus zeitweilig erstaunliche Wellen schlug, trat Stern ihm sofort mit durchschlagenden Argumenten in «Foreign Affairs» entgegen. Sterns Beteiligung namentlich auch an den deutschen Diskussionen lebte von dieser Spannung zwischen dezidiertem Engagement und kenntnisreichem Abwägen.

Diese liberale Präsenz brachte Fritz Stern auch zahlreiche Anerkennungen ein. Zu ihnen gehörten unter anderem die Aufnahme in den Orden «Pour le Mérite» (1994), der Friedenspreis des «Deutschen Buchhandels» (1999), die Ehrendoktorwürde der Universitäten Breslau und Frankfurt/Oder (2002/2006), die Leo-Baeck-Medaille (2004), der Deutsche Nationalpreis (2005) und das Große Verdienstkreuz der Bundesrepublik (2006).

An diese Auszeichnungen schließt sich jetzt auch die Ehrendoktorwürde der jungen Reformuniversität Oldenburg an, die endlich als westdeutsche Hochschule Fritz Stern mit diesem Titel ehrt.

12.

Verhängnisvolle Attacke auf das Leistungsprinzip

Der Tatbestand ist schnell skizziert: Nach seiner Tätigkeit im Wissenschaftsrat hat sich der Freiburger Historiker Ulrich Herbert daran gemacht, an seiner Universität ein Forschungszentrum nach dem Vorbild des berühmten Princetoner «Center for Advanced Studies», das FRIAS, aufzubauen. Es gelang ihm, ein solches Zentrum im Rahmen der Exzellenz-Initiative in erstaunlich kurzer Zeit einzurichten. Unter den vier «Schools» stieg die Abteilung für Geschichte unter dem Co-Direktorium von Herbert und Jörn Leonhard im Nu zur erfolgreichsten und bekanntesten auf. Denn sie verließ sich bei der Auswahl ihrer «Fellows», die ein Jahr lang allein ihren wissenschaftlichen Projekten leben konnten, auf die unübertreffliche Methode eines strengen «Peer Review»: der vorurteilsfreien Beurteilung der fachlichen Kompetenz durch Berufskollegen, die vor allem im Beirat versammelt waren. Sie diente also mitnichten der Selbstversorgung von Freiburger Wissenschaftlern mit einem erquicklichen Freijahr.

Für jeden Sachkenner lag nach wenigen Jahren auf der Hand, dass das FRIAS rundum eine Erfolgsgeschichte verkörperte. Die strikte Auswahl von einem Dutzend «Fellows» war jedes Mal überzeugend gelungen (rund 80% der Bewerber wurden abgelehnt). Ein Jahr am FRIAS zu verbringen, galt sogleich Vielen als begehrtes Ziel. Dutzende von anerkennenswerten Veröffentlichungen beweisen inzwischen die Schubkraft der Arbeit an diesem geisteswissenschaftlichen Zentrum, das damit fraglos an die Spitze vergleichbarer Kollegs in der Bundesrepublik getreten ist.

Wie ein Blitzschlag aus heiterem Himmel mutet daher die Entscheidung einer Evaluierungskommission des Wissenschaftsrates an, die Tätigkeit des FRIAS 2013 einzustellen. Zwar wird ihm einerseits eine international hoch anerkannte Forschungsleistung zugebilligt. Andererseits aber wird seine Distanz zur Freiburger Universität gerügt – und dieses Pseudoargument hat für die Ablehnung offensichtlich den Ausschlag gegeben; die schriftliche Begründung steht freilich immer noch aus.

Nun liegt in der Tat ein grundsätzliches Problem darin, wie das Verhältnis zwischen der Universität und einer solchen Forschungsanstalt gestaltet werden soll. Das FRIAS beruhte von Anfang an zu Recht auf einer relativen Distanz gegenüber der Universität. So wurde seine Existenz auch in der Entstehungsphase begründet. Denn nur im Schutz dieser Autonomie: der Selbstregulierung der Aufnahme von Wissenschaftlern, ganz gleich woher sie kommen, lässt sich die entscheidende Institutsmaxime, die Verteidigung des Leistungsprinzips, verwirklichen. Nach fünf Jahren kann man die Realisierung dieses Prinzips nur voller Anerkennung konstatieren. Doch nach der ersten Förderungszeit, die auf einem Fünfjahresplan beruhte, stand natürlich auch die Entscheidung über die Folgefinanzierung bevor. Das erweist sich jetzt als die Achillesferse der nur fünf Jahre lang währenden Exzellenz-Initiative, die von Anfang an zu kurzatmig angelegt war. Denn auch und gerade im Falle einer positiven Evaluierung einer Exzellenz-Institution wie dem FRIAS stand die Universität, die sich bisher mit ihrem Renommierprojekt geschmückt hatte, vor der Aufgabe, selber eine Anschlussfinanzierung aufzubringen oder bei einer Drittmittelfinanzierung aktiv behilflich zu sein – oder aber nach dem Fortfall der Exzellenz-Initiative aus unprofessionellem Missmut das ganze Projekt kaltherzig aufzugeben. Damit ist die Frage verbunden, ob die Exzellenz-Initiative die Existenz von Forschungsinstitutionen nur vorgegaukelt hat, bei denen es sich in Wirklichkeit um limitierte Fünfjahresprojekte handelte, wie sie etwa die DFG und die großen Stiftungen ständig bewilligen?

Vor der Auflösung aufgrund eines höchst strittigen Evaluierungsergebnisses scheint jetzt jedenfalls das fraglos erfolgreiche

FRIAS zu stehen. Welche Merkwürdigkeiten sind bei der Torpedierung des FRIAS zusammengekommen? Zum Einen fehlten in der Evaluierungskommission kompetente Fachleute für die Beurteilung der «History School». Eine Historikerin kann doch schlechterdings nicht genügen, wenn es um ein solch überragendes Experiment geht, das die Verwirklichung des Leistungsprinzips groß geschrieben hat. An der Dominanz dieses Prinzips hat sich aber vor allem auch der Missmut in der Universität entzündet. Denn das Rektorat und die anderen akademischen Gremien haben sich, wie man hört, keineswegs – voller Stolz auf die vor ihren Augen vollbrachte Leistung – für das Zentrum eingesetzt. Zu viele hatten offenbar wegen der institutionellen Nähe auf einen Freifahrtschein in ein Freijahr gehofft, trafen aber auf die strikten Auswahlprinzipien, auf denen das Qualitätsniveau der Geschichtsabteilung des FRIAS beruhte. Die Selbstversorgungsmentalität der «Diskriminierten» scheint ein ausschlaggebender Stolperstein im Evaluierungsverfahren gewesen zu sein.

Vermutlich rumort aber auch in der Ablehnung und fehlenden Unterstützung der Universität die generelle Skepsis gegenüber dem Leistungsprinzip und der mit ihm unvermeidlich verbundenen Elitebildung. Nicht zuletzt unter Sozialdemokraten und vielen Sozialliberalen hält sich ja noch immer eine anachronistische Aversion gegen Leistungseliten und ihre Förderung. Diese Position bedarf einer grundlegenden Korrektur, da sie seit langem in eine Sackgasse geführt hat. Insofern stehen mit der Aufkündigung des FRIAS auch das Leistungsprinzip und die Unterstützung von Spitzenintellektuellen auf dem Spiel.

Wird die Deutsche Forschungsgemeinschaft oder die VW-Stiftung oder das Bundesministerium für Bildung und Forschung die Finanzierung des FRIAS, dieses imponierenden Ergebnisses der Exzellenz-Initiative, fallen lassen? Das wäre ein deprimierender Rückschlag, der möglichst schnell mit Hilfe der Freiburger Universität verhindert werden sollte.

III.

13.

Nur ein Mythos des Neuanfangs?
Die Generation '45

Der Blick auf die Gründung der Bundesrepublik enthüllt eine ambivalente Konstellation: Zum einen kam es zu einer unleugbaren Zäsur im politischen System, einem folgenreichen Schwenk hin zu einer liberalen Wirtschaftspolitik, einer Umorientierung der politischen Mentalität vom diskreditierten Nationalismus und Nationalstaat zum unbeschädigten Projekt Europa. Zum anderen blieb es bei einer von vielen kritisierten Kontinuität in der Wirtschaftsverfassung, in der Unternehmerschaft, in den Verwaltungsstäben. Leicht wird angesichts dieser historischen Gemengelage vergessen, dass sich alsbald ein mit der staatlichen Neugründung aufs engste verbundenes Unikat herausschälte: die «Generation '45». Darunter wird hier eine spezifische Gruppe in der Alterskohorte der zwischen etwa 1928 und etwa 1941 Geborenen verstanden, die es sowohl zu wissenschaftlichem als auch zu politischem Einfluss brachten. Ihr einzigartiges Merkmal besteht darin, dass es eine solche «Generation '45» für mehr als ein halbes Jahrhundert nur in der Bundesrepublik, aber nirgendwo sonst gegeben hat.

Der Generationsbegriff ist in den letzten Jahren zu einem Passepartout aufgestiegen, mit dem sozial-, mentalitäts- und politikgeschichtliche Probleme insbesondere der Neuzeit entschlüsselt werden sollen. Dieser Trend hat auch die Zeitgeschichte erfasst. Die gängige Kritik, dass es sich um einen vagen Allerweltsbegriff ohne trennscharfe Konturen, erst recht ohne Erklärungskraft handle, trifft allerdings auf gute Gegenargumente. Denn seitdem «Generation» bereits in den 1920er Jahren durch den Soziologen Karl Mannheim thematisiert worden ist, hat sich die Analyse relativ kompakter, durch kollektive Erfahrungen verbundener und daher von Vorgängern und Nachfolgern deutlich unterschiedener Alterskohorten als ein nützliches analytisches Instrument erwiesen, um Gemeinsamkeiten und Unterschiede der Lebensgeschichte, der Denkformen, der Handlungsweisen herauszuarbeiten. Insofern ist die Generationenforschung im Kern auch stets auf den internationalen und intergenerationellen Vergleich angewiesen. Der Schlüsselbegriff der Generation ist aber nicht nur heuristisch hilfreich. Vielmehr trifft er häufig im Hinblick auf die Erklärungs- und Überzeugungskraft auf keine überlegene Alternative.

Man kann im Hinblick auf die deutsche Geschichte mehrere Nachkriegs-Generationen unterscheiden. Da gibt es die Generation der jungen Soldaten in der Wehrmacht und Waffen-SS, die durch die Präsenz des allgegenwärtigen Todes und die unmittelbare Kriegseinwirkung geprägt worden sind. Ob man als Nichttheologe überhaupt von der «Gnade der späten Geburt» sprechen sollte, sei dahingestellt. Aber dass der Zufall der Geburtszeit für die folgende Generation der Flakhelfer eine ausschlaggebende Bedeutung besaß, lässt sich kaum bestreiten. Aus den Überlebenden dieser beiden Generationen der Jungsoldaten und Flakhelfer stammte nach dem Krieg die kleine Minderheit der ersten Studentenpopulation, die unter schwierigen Bedingungen, doch im Frieden studieren konnte. Eine dritte Generation umfasste jene Jahrgänge, die noch die vier Pflichtjahre im «Deutschen Jungvolk» der HJ mitgemacht, dazu Bombenkrieg und Kinderlandverschickung, Evakuierung und Flucht oder Vertreibung erlebt hatten. Eine vierte Generation schließlich bildete sich aus Angehörigen der Jahrgänge 1935/1945 heraus. Viele hatten ihren Vater im Krieg verloren, die Bombardierung der Städte, die Flucht nach Westen unter chaotischen Bedingungen miterlebt.

In den Nachrichtendiensten der westlichen Alliierten hat man diese jungdeutschen Generationen für eine politisch hochgefährliche Altersgruppe gehalten, da der Nationalsozialismus während einer besonders aufnahmefähigen Lebensphase in ihre Köpfe eingedrungen sei. Wahrscheinlich brauche man viele Jahre – manche Beobachter hielten die Generationsspanne von dreißig Jahren für unvermeidlich –, bis aus ihnen zuverlässige demokratische Bürger geworden seien. Genau das Gegenteil traf ein. Die Erinnerung an die politische Indoktrination im «Dritten Reich» wurde im Allgemeinen erstaunlich umfassend und so schnell wie nur irgend möglich verdrängt. Eine nostalgische Verklärung der jüngsten Vergangenheit tauchte eigentlich nirgendwo auf, nicht einmal unter den ehemaligen Schülern der «Nationalpolitischen Erziehungsanstalten» und «Adolf-Hitler-Schulen», auf denen eine braune Elite herausgezüchtet werden sollte. Vielmehr zeigte sich eine lebensgeschichtlich bedingte Immunisierung gegenüber jedweder ideologischen Verheißung. Daher sprach der Soziologe Helmut Schelsky mit seinem Gespür für treffende Formulierungen frühzeitig von der «skeptischen Generation».

Unstreitig hat sich die Majorität dieser vier genannten Generationen, die jeweils nur wenige schmale Alterskohorten umfassten, aber durch schroffe Einschnitte der Erfahrung mit dem Krieg selber oder seinen Folgen voneinander getrennt waren, mit Entschlossenheit auf die berufliche Ausbildung, danach auf den Karriereweg in einer neuartigen Wachstumsgesellschaft, die das Fortkommen auf vielfältige Weise begünstigte, konzentriert. Auf der Basis des antikommunistischen Konsenses, sonst aber strikt jedem ideologischen Entwurf abhold, gehörten sie auch zu jenem sozialen Substrat, auf dem sich die Politik der großen Volksparteien dreißig Jahre lang bewegte. Dem nüchternen Interessenkalkül ohne emotionalen Überschwang zu folgen – das drängte sich diesen Generationen als Konsequenz ihrer Lebenserfahrungen auf. Die Älteren waren noch von der Mobilisierung des Leistungsfanatismus beeinflusst worden, den der Nationalsozialismus, nicht zuletzt Hitler selber, mit zielstrebiger Entschiedenheit gefördert hatten. Insofern passten sie in das Wettbewerbssystem der «Sozialen Marktwirtschaft», zu deren leistungsbereiten und -fähigen Trägerschichten sie sogleich gehörten, während den Jüngeren das Leistungsdenken dort anschaulich vermittelt wurde.

Ein auffallend singuläres Phänomen bildet eine Gruppe von Angehörigen dieser Generationen. Im wesentlichen zwischen 1928 und 1941 geboren, reüssierten sie in unterschiedlichen Wissenschaftsbereichen, suchten aber gleichzeitig auch das Engagement in der weiteren Öffentlichkeit während der immer wieder aufflackernden politischen Kontroversen oder im zähen Kampf um die Meinungsführerschaft, wenn sie ihr Urteil pointiert verfochten. Diese Bereitschaft, die neue Republik als ganz und gar unerwartete zweite Chance mit prinzipieller Zustimmung, zugleich aber auch mit kritischer Aufmerksamkeit zu begleiten, war offenbar das generationsspezifische Resultat von Diktatur und Kriegserfahrung, Holocaust und Niederlage. Diese prägenden Einflüsse ergaben eine stimulierende Verbindung von eigentümlichen Erfahrungen und Herausforderungen, welche dieser «Generation '45» trotz aller Meinungsunterschiede im Einzelnen seit der Mitte der 50er Jahre den Charakter einer «strategischen Clique» verliehen. Man denke nur an repräsentative Figuren wie Rainer Lepsius, Jürgen Habermas, Ralf Dahrendorf, Thomas Nipperdey, Wolfgang und Hans Mommsen, Ernst-Wolfgang Böckenförde, Christian Meier, Jürgen Kocka, Dieter Grimm, Reinhard Rürup, Heinrich August Winkler – sie alle erwarben wissenschaftliches Ansehen, wirkten aber auch immer wieder als politische Publizisten und engagierte Bürger.

Eine vergleichbare Gruppe hat es, das sticht sogleich ins Auge, weder in anderen Verliererstaaten des Zweiten Weltkrieges, etwa in Italien, Österreich oder Japan, noch in Siegerstaaten wie England, Frankreich oder den USA, gegeben. In Italien haben sich zwar nicht wenige Intellektuelle an der Auseinandersetzung um das Mussolini-Regime, die Resistenza samt ihrem Mythos und die Rolle der KPI beteiligt, in Österreich am Streit um den Klerikalfaschismus der 30er Jahre, den «Anschluss» von 1938 und die nationale Identitätskonstruktion der Nachkriegspolitik, in Japan an der kurzlebigen Debatte über die Rolle des Tenno, des Militärs und der pazifischen Expansionspolitik. Doch nirgendwo kam es, soweit ich zu sehen vermag, zu einer kontinuierlichen Teilnahme ein und derselben Gruppe prominenter Wissenschaftler an den öffentlichen Kontroversen über fünf Jahrzehnte hinweg.

Das trifft auch auf die Vereinigten Staaten zu, wo die Journalistenzunft ihre Domäne gegen das Eindringen von Außenseitern verbissen und erfolgreich verteidigte, und auch auf England, wo nur einige profilierte neomarxistische Wissenschaftler wie Eric Hobsbawm und Edward P. Thompson über längere Zeit hinweg in die öffentliche Diskussion eingriffen. Und in Frankreich wandten sich zwar einige junge Historiker und Sozialwissenschaftler als Reaktion auf den Niedergang seit dem Frühjahr 1940 und in der Gestalt des Vichy-Regimes parteipolitisch, aber auch publizistisch der KPF zu, korrigierten aber durchweg alsbald ihre Entscheidung und überließen die im Grunde anstehende Auseinandersetzung mit Vichy und dem französischen Antisemitismus einer Debatte, die erst vierzig Jahre später ernsthaft geführt werden sollte.

Im Vergleich sind freilich die prägenden Erfahrungen unschwer zu erkennen, warum die deutschen Sonderbedingungen: die Diktatur des Hitler-Regimes, der Vernichtungskrieg, der Holocaust, die mörderischen Kriegsverluste, die Massenvertreibung von Deutschen als Reaktion auf die barbarische nationalsozialistische «Bevölkerungspolitik» die Mitglieder der «Generation '45» in ihre Rolle als «Public Intellectuals» gedrängt haben. Für sie bedeutete der Neuanfang von 1949 nicht ein von Mythen umgarntes Unternehmen, sondern die Öffnung sehr konkreter politischer Optionen, die man nutzen konnte. Insofern steht die «Generation '45» prototypisch für den Aufbruch in eine neue Zeit, die man in kritischer Sympathie begleiten und nach Kräften mitgestalten wollte. Heutzutage sieht es so aus, als ob die «Generation '45» vor den Erfindungen des gehobenen Feuilletons wie «Generation Golf» oder «Generation Reform» einen deutlich erkennbaren Vorsprung behalten sollte, da ihr Einfluss ungleich tiefer reicht als die Wirkung dieser papierenen Konstruktionen.

14.

Die Mauer und die Jahre danach

Vor einem halben Jahrhundert ließ die Führungsclique der deutschen Bolschewiki, die seit zwölf Jahren die sowjetische Satrapie in Ostdeutschland beherrschten, den Berliner Mauerwall bauen und die Grenzen verschärft befestigen. Als technischer Exekutor des heiklen Unternehmens fungierte mit dogmatischer Zuverlässigkeit Erich Honecker, der sich damit in das nähere Umfeld von Staatschef Walter Ulbricht schob. Der Mauerbau galt lange Zeit als Höhepunkt jenes «Kalten Krieges», in dem die beiden Weltmächte seit Beginn der Nachkriegsphase auch auf deutschem Boden zusammentrafen. Bei näherem Hinsehen erkennt man jedoch, dass das Schandmal zwar eine Zäsur, doch keineswegs den Höhepunkt des Konflikts darstellte. Denn die vom amerikanischen Außenminister Dulles verfolgte Strategie des erhofften «Roll Back» als konsequente Fortsetzung der von George Kennan entworfenen «Containment»-Politik führte in dieser Krisensituation keineswegs zu einer schroffen Reaktion der westlichen Verbündeten und ehemaligen Besatzungsmächte. Vielmehr wurde der Mauerbau eher zähneknirschend als ein neues menschenfeindliches Symbol der deutschen Teilung hingenommen. Diese Akzeptanzpolitik nahm trotz aller nachfolgenden politisch-diplomatischen Zusammenstöße dem «Kalten Krieg» einen Gutteil seiner extremen Schärfe. Die neue amerikanische Regierung unter Kennedy sah nach einem kühlen Kosten-Nutzen-Kalkül ganz davon ab, eine militante Antwort zu geben, die unmittelbar an den Rand des Krieges geführt hätte. So fuhren zwar unmittelbar gegenüber den russischen T 34 US-Panzer an der entstehenden Mauer auf, wurde der Truppenverkehr nach Westberlin aufrechterhalten, doch im Grunde nahm man den von der sowjetischen Hegemonialmacht eher zögerlich gebilligten Mauerbau als Überraschungserfolg der DDR-Führung hin. Stillschweigend wurde auch für ihr völlig dominierendes Motiv: den unablässig anhaltenden Flüchtlingsstrom nach Westen endlich effektiv abzustoppen, ein gewisses Verständnis aufgebracht. Denn seit den Jahren der Sowjetischen Besatzungszone und dann während der ersten zwölf Jahre der DDR waren nicht weniger als 3,1 Millionen Ostdeutsche – 13,4 % aller Erwerbstätigen, darunter die Hälfte aller Ärzte und Wissenschaftler – über Westberlin oder die «Grüne Grenze» nach Westen geflohen. In manchen Jahren wurden dramatische Massenfluchtziffern erreicht: 1953 z. B. verließen 331000, 1957 419000, im ersten Halbjahr 1961 schon wieder 200000 Menschen ihre ostdeutsche Heimat. (Von 1949 bis 1990 sind insgesamt 4,6 Millionen Personen geflüchtet.) Wenn das SED-Regime überhaupt noch eine Konsolidierung erreichen wollte, musste es in der Tat die Bewohner seines «Arbeiter- und Bauernstaates» einsperren.

Das war für die seither eingepferchten Ostdeutschen, von denen im Augenblick des Mauerbaus Hunderttausende mit Fluchtgedanken, ja Fluchtvorbereitungen beschäftigt waren, eine geradezu betäubende Erfahrung. Spätestens seither mussten sie sich in ihrer Lebensplanung auf eine dauerhafte Existenz unter kommunistischer Herrschaft einstellen.

Wie haben die durchschnittlichen, die «normalen», die nicht in der SED oder den meisten Massenorganisationen exponierten Bewohner der DDR, die keine Abwanderungswünsche hegten, auf den demütigenden Schock reagiert, dass die letzte offene Tür in den Westen verschlossen wurde? Da es in der DDR keine unabhängige Meinungsforschung gab, sind wir auf die Ergebnisse jener Befragungen angewiesen, die von westdeutschen Sozialwissenschaftlern unter erfolgreich Geflüchteten veranstaltet wurden. Da ihnen die Flucht durchweg unter dramatischen Umständen geglückt war, betonten sie mit allem Nachdruck die deprimierende, empörende Erfahrung des Mauerbaus und die drastische Steigerung ihres Willens, den «Arbeiter- und Bauernstaat» möglichst schnell, selbst unter hohem Gefahrendruck zu verlassen. Diese Grundhaltung hat sich bei den Flüchtlingen und legal Abwandernden bis zum Herbst 1989 gehalten. Unter der stummen Mehrheit jedoch, die in der DDR bleiben musste, scheint sich – so der Befund der inzwischen vorliegenden zeithistorischen Untersuchungen – eine Mischung aus resignativer Hinnahme und pragmatischer Anpassung an die Barrieren, die den Alltag umgaben, durchgesetzt zu haben.

Diese offenbar verbreitete Grundmentalität hat die Neugier, mit der das Leben im faszinierenden westdeutschen Kontraststaat möglichst allabendlich am Fernsehgerät verfolgt wurde, nicht nur wachgehalten, sondern gesteigert. Dass sich dabei auch ständig realitätsferne Eindrücke summiert haben, die den nagenden Vergleich mit den deprimierenden ostdeutschen Zuständen weiter genährt haben, ist von kompetenten Beobachtern überzeugend bestätigt worden. Erst als 1990 der Sprung in das eiskalte Wasser der neuen gesamtdeutschen Bundesrepublik folgte, mussten in einem schmerzhaften Lernprozess die verklärten Visionen vom westlichen Paradiesleben korrigiert werden. Das verdient als lebenspragmatische Anpassungsleistung von vierzehn Millionen Menschen alle Anerkennung.

Nicht zuletzt hat aber auch der TV-Kontakt den inneren Widerstand, namentlich unter den Dissidentengruppen, welche allmählich die Chancen der KSZE-Akte von 1975 zu nutzen wagten, nachhaltig verstärkt. Selbst eine derart systembejahende Schriftstellerin wie Christa Wolf, die mit ihrem Erstling «Der geteilte Himmel» ein den DDR-Marxismus im Stil des «Hitlerjungen Quex» verklärendes Heldenepos über eine parteitreue junge Frau geschrieben hatte, die sich von einem schäbigen Westflüchtling trennte, rang sich zu ihrem systemkritischen Kassandra-Buch durch. Und sie blieb nicht die einzige Schlüsselfigur in der Künstlerszene, die in der inneren Opposition auf Distanz zum Regime ging. Zu den friedensbewegten, von der Evangelischen Kirche geschützten Zirkeln der aufsässigen Kritiker stießen freilich nur wenige von ihnen, wie sich auch die «Sozialistische Intelligenz» denkbar fernhielt.

Die dreißig Jahre bis zur Selbstzerstörung der DDR sind mithin für die Meisten durch ein pragmatisches Sichabfinden unter offenbar unveränderbaren Bedingungen gekennzeichnet gewesen. Wer besaß schon die Überzeugungsstärke und Zivilcourage, dauerhaft den Eintritt in die SED, in den FDGB, die Leitungsfunktion der Betriebsbrigade oder die Jugendweihe abzulehnen, wo doch die eigene Berufskarriere und die Kinderlaufbahn so evident von dieser Bereitschaft zur Fügsamkeit abhingen?

Im Gegensatz zu den Westdeutschen, die unmittelbar nach 1945 ohne eigenes Verdienst bereits die ersten selbstständigen politischen Schritte hin auf ein demokratisches Gemeinwesen tun konnten, bis 1960 eine freie kritische Öffentlichkeit gewannen, in einen langwierigen Lernprozess im Hinblick auf die Geschichte des «Dritten Reiches», seinen Vernichtungskrieg und Holocaust eintraten, gerieten die Ostdeutschen seit 1945 ohne Pause unter die Fuchtel einer zweiten Diktatur: erst in Gestalt des russischen Kolonialkommunismus, dann der SED-Herrschaft. Das Regime der deutschen Kommunisten zog nach dem Mauerbau die Zügel erwartungsgemäß noch straffer an, konnte aber trotzdem die wirtschaftliche Leistungsfähigkeit nicht erheblich steigern. Die Erfüllung der ominösen Pläne wurde nie erreicht. Die Reallöhne erreichten dreißig Prozent des westdeutschen Niveaus. Die Renten gestatteten nur eine Kümmerexistenz. Die Konsumgüterversorgung blieb ebenso miserabel wie die Wohnungssituation.

In mancher Hinsicht hat sich aber während dieser dreißig Jahre vor 1989 als schlimmste Belastung die mentale Deformation erwiesen. Das politische Leben blieb einer autoritären Hierarchie unterworfen, die von der kleinsten FDJ-Einheit bis zum Zentralkomitee reichte. Unverändert galt die Maxime, dass die Partei immer Recht habe. Fluchtwillige mussten, wie Aberhunderte von Ermordeten beweisen, damit rechnen, von den Grenzwächtern erschossen oder nach der Gefangennahme in jahrelang andauernde Zuchthaushaft genommen zu werden.

Zwanzig Jahre nach der Wende kennen wir noch immer nicht die genaue Zahl der an den Grenzen getöteten Flüchtlinge. Neulich konnte man lesen, dass statt der häufig zitierten 90 Mauertoten in Berlin allein im Regierungsbezirk Potsdam an die 160 Flüchtlinge beim Versuch der Grenzüberquerung erschossen worden seien. Wie lautet denn wirklich diese Schreckensbilanz des SED-Regimes?

Die entsetzliche Wirklichkeit des «Dritten Reiches» wurde durch die Antifaschismus-Legende völlig verdunkelt. Der Holocaust blieb ganz so eine Terra Incognita, wie die Zentralität des nationalsozialistischen Antisemitismus. Jede selbstkritische Analyse des ostdeutschen Lebens unter dem Nationalsozialismus blieb aus. Presse und Fernsehen unterlagen einer diktatorialen Lenkung, die Goebbels' begeistertes Wohlgefallen gefunden hätte. In den meisten Wissenschaften galt die Lehre eines einfältigen Marxismus-Leninismus, der mit Holzhammer-Methoden gelehrt wurde. Bis zuallerletzt mussten etwa von den DDR-Historikern die Geheimprotokolle des Hitler-Stalin-Paktes geleugnet werden.

Es hat sich unstreitig nach 1990 in Ostdeutschland ein erstaunlicher Aufbau durchgesetzt. Mit mehr als einer Billion Euro hat der Westteil des Landes dem Osten, der ungleich härter von den Folgen des gemeinsam geführten Krieges betroffen war, aus der Misere geholfen. Doch die Konsequenzen der andauernden mentalen Deformation, die in gewisser Hinsicht das schwärzeste Erbe der roten Diktatur darstellt, sind wegen ihrer Zählebigkeit nur mit großer Anstrengung zu beseitigen. Dass noch immer lernunfähige 25 Prozent der Wählerschaft die PDS/Linkspartei als Nachfolgerin der SED wählen, dass noch immer an vielen Stellen alte SED-Cliquen das Sagen haben, dass ein kommunistischer

Etatismus seine Attraktivität vielerorts behalten hat, dass Sahra Wagenknecht als eitler Rosa-Luxemburg-Verschnitt eine Sonderformation mit Tausenden von kommunistischen Mitgliedern in der PDS/Linkspartei leiten kann – das bleiben schwere Belastungen des Zusammenlebens. Das erfreulichste Signal ist aber inzwischen: Die derzeitige Studentengeneration an den ostdeutschen Hochschulen besteht aus Nachwende-Kindern, die der neuen Welt unbefangen gegenüberstehen, ihre Vorzüge zu schätzen wissen und zusehends auch im Westen studieren.

Zu den tiefambivalenten Wirkungen des Mauerbaus gehört aber auch, dass die SED seither mit ihrer faktisch ungehemmten Verfügungsgewalt den Ausbau der DDR nach ihren Vorstellungen konsolidieren konnte. Diese allmählich gewonnene Stabilität wurde durch die völkerrechtliche Anerkennung von Seiten der internationalen Staatengemeinschaft, einschließlich der Bundesrepublik, bestätigt. Mit radikal gefälschten Wachstumsstatistiken platzierte sich die DDR im Spitzenpulk der Industriestaaten, während sie in Wirklichkeit wegen ihrer extremen Verschuldung Schritt für Schritt auf die staatliche Insolvenz hinsteuerte. Nur aufgrund der von der Mauer gewährten Autonomie und der kärglichen Stabilisierungsfortschritte mit ihrem leichten Wohlstandsschub konnte sich das Honecker-Regime 1975 auf die KSZE-Schlussakte, das folgenreiche Vertragswerk von Helsinki, einlassen. Damit wurde Oppositionellen und Ausreisewilligen ein Spielraum eröffnet, ohne den die Ausdehnung der Dissidentengruppen in den 1980er Jahren nicht möglich gewesen wäre.

Während ihre Mitgliederzahl anwuchs, nahm in Westdeutschland die Gleichgültigkeit gegenüber dem Leben in der DDR zu. Nach der kurz aufflackernden Empörung als Reaktion auf den Mauerbau wuchs die passive Distanzierung gegenüber der verselbstständigten «Zone» kontinuierlich an. Wer dort enge Verwandte besaß, mochte den Kontakt – mit Briefen und Päckchen, sogar bis hin zu gelegentlichen Besuchen – aufrechterhalten. Auch hielt sich eine zusehends mattere Einheitsrhetorik der politischen Klasse. Doch die Meinungsumfragen der 80er Jahre wiesen in der Mehrheit der Befragten nicht nur eine Akzeptanz des kommunistischen Oststaates, sondern die Hinnahme seiner dauerhaften Existenz auf. Als optimales Fernziel galt allenfalls eine Art von Österreich-Lösung: zwei deutsche Staaten mit freiem Personen- und Warenverkehr.

Für enttäuschte Ostdeutsche war die westdeutsche Gewöhnung an die Mauer zutiefst irritierend. Aber abgesehen von der Westberliner Inselbevölkerung spielte für die erdrückende Mehrheit der Westdeutschen dieser Wall im exotischen Osten keine Rolle in ihrem Alltagsleben. Diese Abwendung hing auch mit dem fundamentalen Phänomen zusammen, dass der Vulkan des deutschen Nationalismus nach exzessiven Explosionen im Frühjahr 1945 erloschen war. Für ein Interesse am Schicksal der Ostdeutschen, mit denen man soeben noch gemeinsam Krieg geführt hatte, ließ er sich nicht mehr mobilisieren. Dass sie von ihrer Besatzungsmacht ungleich schwerer mit den Kriegsfolgen, etwa in Gestalt einschneidender Demontageaktionen, belastet wurden, als die Deutschen in den alliierten Westzonen und in der jungen Bundesrepublik, wurde eher achselzuckend zur Kenntnis genommen. Während sich die politische Kultur des westdeutschen Neustaates glücklicherweise ohne den Einfluss eines zurückkehrenden Nationalismus entwickelte, so dass er in den 80er Jahren als erste «postnationale Demokratie» gefeiert wurde, reichte ein blasses Solidaritätsgefühl nicht aus, um ein politisch aktives Interesse an den DDR-Bewohnern zu verfolgen. Auch bis heute noch hat sich das Desinteresse an der DDR erhalten, denn in Berlin ist zum Beispiel die Mauer praktisch verschwunden – ein Streich der Regierung Diepgen, so dass das Schreckenszeichen aus der Anschauung und aus dem Gedächtnis getilgt ist.

Dass die DDR seit dem Herbst 1989 einem unwiderstehlichen Erosionsprozess erlag, der die Fusion der beiden deutschen Neustaaten von 1949 wider Erwarten ermöglichte, war einer einmaligen Konstellation zu verdanken. Denn am Korridor der Macht öffnete sich für einen außerordentlich kurzen Moment ein Zeitfenster, das ungeahnte Bewegungen zuließ. Diese Entscheidungsphase wurde von vier klar erkennbaren Machtzentren bestimmt. Nach Jahren erstarrter Greisenherrschaft in Russland kam mit Michail Gorbatschow ein relativ junger Parteifunktionär an die Hebel der Macht, der nicht nur das Sowjetsystem entschlossen reformieren und damit zukunftsfähig machen wollte, sondern auch schließlich bereit war, das hegemoniale Vorfeld einschließlich der DDR, die symbolisch wertvollste Beute des Zweiten Weltkriegs, freizugeben. Die erstaunliche Beliebtheit, die Gorbatschow auch zwanzig Jahre später unter den Deutschen noch immer genießt, beruht auf der dankbaren Anerkennung seiner unerwarteten Leistung zugunsten der deutschen Interessen.

Was immer man am Provinzialismus des Pfälzer Kanzlers auch kritisieren mag, im Augenblick der sich öffnenden Entscheidungsoptionen gelang Helmut Kohl, unterstützt von Außenminister Genscher und Politikberater Teltschik, ein staatsmännischer Coup, der die neue staatliche Einheit in der Gestalt des reduzierten Bismarck-Reiches ermöglichte. Von der Schubkraft einer einigungsbegeisterten deutschen Öffentlichkeit kann, wie gesagt, keine Rede sein, obwohl wiederum nur wenige so töricht gegen die Befreiung der Ostdeutschen von ihrer Diktatur opponierten wie Oskar Lafontaine.

Der erbitterte Widerstand von Mitterrand und Mrs. Thatcher, welche die Wiederauferstehung eines deutschen Zentralstaats in Europa partout verhindern wollten, ist letztlich dank der Unterstützung der Regierung Bush/Baker überwunden worden. In Washington wollte man, nachdem man traditionell das Selbstbestimmungsrecht der Völker verfochten hatte, in dieser Situation den Deutschen die Wiedergewinnung der politischen Einheit nicht versagen.

Und, last but not least, wäre ohne die revolutionäre Erhebung der Ostdeutschen – jener Volksmassen, deren progressive Bewegung die marxistischen Ideologen stets beschworen hatten, bis sie sich gegen sie selber wendeten – die verblüffende Motorik des Staatszusammenbruchs nicht zustande gekommen. Es gab nicht, wie mancher kommentiert hat, eine gedämpfte Implosion des SED-Regimes. Vielmehr setzte sich eine politische und soziale Revolution durch, deren Erfolg in der deutschen Geschichte einzigartig dasteht.

Wie schnell das Zeitfenster im internationalen Machtsystem wieder zuklappte, trat unmittelbar nach den deutschen Einigungsverträgen und dem Unabhängigkeitsgewinn der ehemaligen osteuropäischen Satellitenstaaten zutage. Voller Misstrauen gegenüber Gorbatschows kühnem Kurs hatte in Russland die Riege der Marschälle Gewehr bei Fuß verharrt, das orthodoxe Funktionärscorps widerstandsbereit immer lauter gemurrt. Bereits 1991 erlag Gorbatschow ihrem Putsch. Das Novum daran war, dass der gestürzte Machthaber nicht zugleich liquidiert wurde, sondern im politischen Abseits weiter existieren durfte.

Mit diesem Putsch und Boris Jelzins Machtübernahme setzte der Zerfall der Sowjetunion in einem atemberaubenden Tempo ein. Auch die erbittertsten Kommunistenfresser hatten diese abrupte Desintegration nicht vorhergesehen. Dreizehn Landesteile in den Grenzgebieten splitterten als selbstständige Staaten ab. Die riesige Sowjetunion schrumpfte als russische Republik auf die Größe des vorpetrinischen Russland zurück. Unter chaotischen Umständen wurde, begleitet von massenhafter Korruption, die Staatswirtschaft überstürzt privatisiert. Die Cliquen der frisch gebackenen Milliardär-Oligarchen zogen die fettesten Beutestücke an sich, während regelmäßige Löhne und Gehälter oft genug ausblieben. Wer aber hätte gedacht, dass eine derartige Weltmacht wie die Sowjetunion, die in einem bipolaren Machtsystem fast fünf Jahrzehnte lang der einzige ernsthafte Konkurrent der Vereinigten Staaten im Zeitalter der «Pax Americana» gewesen war, ohne Krieg, dazu in beispielloser Windeseile, derart tiefgreifend zerfallen könnte? In der großartigen Analyse des englischen Historikers John Darwin, in seiner «Globalgeschichte großer Reiche» von 1400–2000 (2010), findet sich kein einziges Beispiel für eine vergleichbar schnelle Reichserosion ohne Krieg!

Genau dreißig Jahre nach dem Mauerbau, der die Entscheidungsmacht der deutschen und russischen Bolschewiki so schmerzhaft demonstriert hat, trat nicht nur Deutschland, sondern die Welt in eine neue historische Epoche ein: Es war die kurzlebige Ära eines dreißigjährigen Herrschaftsmonopols der Vereinigten Staaten. Es wurde zwar mancherorts, wie im Irak und Afghanistan, auf die Probe oder sogar in Frage gestellt, hielt sich aber aufs Ganze gesehen. Der törichte Unilateralismus eines Bush Jr. wäre ohne den Glauben an die einsame globale Spitzenstellung nicht zum Zuge gekommen.

Im zweiten Jahrzehnt des neuen Jahrtausends zeichnet sich jedoch unwiderruflich eine neue Mächtekonstellation ab. Von etwa 2020 ab wird sich das Duopool der USA und Chinas, das den Status einer ökonomischen und politischen Weltmacht errungen haben wird, durchsetzen. Dahinter rücken Indien und Brasilien sowie Russland nach seiner erfolgreich bestandenen, auf Rohstoffressourcen beruhenden Erholung in das zweite Glied auf. Ob die EU mit ihrem gewaltigen Pool an Wissenschaftlern, Fachkräften und Kapitalien, die eine halbe Milliarde modernitätserfahrener Menschen vorantreiben könnten, ihre politische Heterogenität überwinden, ihre Währungsstabilität verteidigen und ihre Kräfte politisch bündeln kann, ist zur Zeit trotz aller günstigen Bedingungen noch immer ungewiss.

Als zentrales Aktionsfeld werden sich Ostasien und der Pazifik zusammen mit Südostasien weiter durchsetzen, die atlantische Welt wird an Bedeutung verlieren. Die Vereinigten Staaten werden verzweifelt darum kämpfen, die Ausnutzung ihrer traditionellen Außenhandelsmaxime der «Offenen Tür» (für den amerikanischen Industrie- und Agrarexport) den Chinesen zu verweigern, während die eigene Infrastruktur und Industriebasis sich vielerorts dem Kollaps nähern. Im Zeichen dieser neuen

Weltmachtkonstellation und Weltmarktkonkurrenz wird die Erinnerung an die Mauer des SED-Regimes, die fünfzehn Millionen Menschen gnadenlos eingesperrt hat, verblassen. Als Beispiel der barbarischen Politik kommunistischer Machthaber wird sie nur im Gedächtnis einer Minderheit gespeichert bleiben. Fünfzig Jahre nach ihrem Bau lohnt es sich daher, an dieses Schandmal in einem weiteren historischen Kontext noch einmal zu erinnern.

15.

Aufstiegsmobilität und Soziale Ungleichheit in der Bundesrepublik

Die Frage nach der sozialen Aufstiegsmobilität lenkt auf Probleme hin, die im Hinblick auf die Gesamtgesellschaft der Bundesrepublik noch nicht umfassend beantwortet werden können, denn es fehlt die empirisch überzeugende Analyse dieser Mobilität für die 64 Millionen Deutschen bis 1990 und die 82 Millionen seither. Die Aufstiegsprozesse (und übrigens auch die sozialen Abstiegsprozesse) in derart gewaltigen Samples zu klären, setzte ein geradezu riesiges Projekt mit umfangreicher Computerausstattung, zahlreichen Experten und einer entsprechenden Finanzierung voraus.

Wer auch immer sich mit der Aufstiegsmobilität in Deutschland beschäftigt, trifft auf die Sozialhierarchie einer komplexen Gesellschaft, auf ihr System der Sozialen Ungleichheit. Wesentlich für ihre Erfassung bleibt Max Webers berühmte Maxime, es sei «die allerelementarste ökonomische Tatsache», dass die «Verfügung über Besitz und Einkommen» ganz «spezifische Lebenschancen» schaffe. Zu ihnen gehört auch die Fähigkeit zur Mobilität.

Heutzutage spielt – bis in die Umgangssprache hinein – die Metapher von der Fahrstuhl- oder Aufzugsgesellschaft eine unübersehbare Rolle. Gemeint ist mit diesem Bild, das der Wirtschaftshistoriker Werner Sombart 1900 in die Fachsprache eingeführt und nicht erst Ulrich Beck vor einigen Jahren erfunden hat, dass die westdeutsche Gesellschaft mit dem Beginn des «Wirtschaftswunders» im Herbst 1950 in einen riesigen Aufzug eingetreten sei, der sie, Stufe um Stufe, auf immer höhere Prosperitätsniveaus emporgetragen habe. Trifft dieses Sprachbild die Realität der Bundesrepublik?

Das Statistische Bundesamt, dessen statistischen Quellen man sich für eine Antwort zuwendet, teilt die Erwerbstätigen in fünf Einheiten von je zwanzig Prozent ein, in die sogenannten Quintile. Denn der «Spiegel» glaubte vor einiger Zeit nachweisen zu können, dass dieses Amt von höchster Stelle angewiesen worden sei, seine sozialstatistischen Daten nicht in der Sprache der Lehre von den sozialen Klassen zu präsentieren. Offensichtlich äußerte sich in dieser skurrilen Anweisung die tief verwurzelte Aversion gegen den angeblich vom Marxismus besetzten Klassenbegriff, obwohl die moderne Sozialstrukturanalyse seit Marx die Klassentheorie von dogmatischem Ballast befreit und überzeugend flexibilisiert hat. Der bedeutendste französische Soziologe in der zweiten Hälfte des 20. Jahrhunderts z. B., Pierre Bourdieu, hat deshalb mit vielen anderen Sozialwissenschaftlern und Historikern nicht von ferne daran gedacht, auf einen solchen streng analytischen Klassenbegriff zu verzichten.

Am Beginn kann man sich der Verteilung von Vermögen und Einkommen zuwenden. Beide Größen sind vom Statistischen Bundesamt für die Zeitspanne von 1950 bis 2000 exakt erfasst worden. Der hier verwendete Vermögensbegriff umfasst allerdings nicht das Immobilienvermögen (dessen Berücksichtigung aber aller Wahrscheinlichkeit nach die relative Größenordnung nicht verändern würde), auch nicht den privatrechtlich öffentlichrechtlich garantierten Anspruch auf Renten und Pensionen (durch deren Bezug Ungleichheit zwar abgemildert, aber wiederum aller Wahrscheinlichkeit nach nicht in einer Veränderung der Größenordnung abgebildet würde). Das verblüffende Element an der Distributionsordnung der Vermögen ist ihre konstante relationale Starrheit. Die obersten zehn Prozent binden 61 Prozent des Vermögens an sich; nur 7700 Haushalte allein 51 Prozent. Die obersten 25 Prozent besitzen sogar 80 Prozent des Vermögens. Die untersten zehn Prozent dagegen besitzen überhaupt kein Vermögen, sie sind vielmehr verschuldet. Diese Werte gelten, mit völlig geringfügigen Schwankungen gewissermaßen hinter dem Komma, von 1900 bis 2000. Als der bekannte Ökonom Wilhelm Krelle die Distributionsordnung in den 1960er Jahren untersuchte, stellte er fest, dass nur 1,7 Prozent der westdeutschen Haushalte volle 74 Prozent des Produktivvermögens kontrollierten. Als er fast dreißig Jahre später gebeten wurde, seine Untersuchung zu wiederholen, kam er zu demselben Ergebnis!

Selbstverständlich ist in diesem halben Jahrhundert das Volumen der Vermögen, damit auch sein Umfang in den drei mittleren Quintilen, in einem beispiellosen Maße angestiegen. Doch die Starrheit der Verteilungsordnung bleibt ein bemerkenswertes Phänomen.

Beim Einkommen ist das Volumen ebenfalls dramatisch angestiegen; allein zwischen 1950 und 1973 ist ja das Realeinkommen der Erwerbstätigen um das Vierfache in die Höhe gegangen. Dieselbe Starrheit wie bei der Vermögensverteilung lässt sich jedoch auch beim Einkommen zwischen 1950 und 2000 nachweisen. Die reichsten zehn Prozent binden durchweg 22 Prozent an sich, das oberste Quintil kommt auf fast die Hälfte, auf 44 Prozent. Während die drei mittleren Quintile durchweg bei 50 Prozent stagnieren, finden sich im letzten Quintil nur 7,5 Prozent. Prüft man die Distributionsordnung im Hinblick auf die Haushalte, bleibt es bei derselben Starrheit.

Offenbar können Hochkonjunktur, emporsteigender Wohlstand und sozialstaatliche Transferleistungen die Starrheit der Verteilungsordnung nicht wesentlich ändern. Schroffe Disparitäten sind in nahezu gleichbleibendem Ausmaß in der Bundesrepublik über ein halbes Jahrhundert hinweg konstant geblieben. Das enorm ansteigende Volumen der Vermögen und Einkommen hat jedoch mental und politisch jene lange Zeit schroffer Spannungen, die bis 1933 die deutsche Gesellschaft charakterisiert haben, drastisch abgemildert.

Eine wie eingefroren wirkende Distributionsordnung besagt natürlich noch nicht direkt etwas über Mobilitätsvorgänge und -chancen, da Bewegung innerhalb der Quintile und zwischen ihnen möglich bleibt. Doch spricht die Starrheit zunächst für die Vermutung, dass innerhalb der Quintile ein hohes Maß an Selbstrekrutierung vorhanden ist, wie das bisher etwa jede exakte Untersuchung von Unternehmer- oder Bildungsbürgerdynastien ergeben hat.

Da die Mobilitätsergebnisse in der deutschen Gesellschaft vor und nach 1990 noch nicht hinreichend bekannt sind, kann man zur Illustration von Mobilitäts- und Stagnationsprozessen selektiv auf die Funktionseliten an der Spitze der Sozialhierarchie zurückgreifen, da wir es hier mit einigermaßen überschaubaren Größen zu tun haben. Die Bundesrepublik besitzt keine kompakte Machtelite, aber auch keine offene Leistungsgesellschaft. Das erweist sich am Sozialprofil der zehn wichtigsten Eliten: in der Politik, der Verwaltung, der Wirtschaft, der Justiz, den Universitäten, Kirchen, Verbänden, Gewerkschaften und Medien sowie im Militär. An dieser Stelle sollen nur vier sorgfältig untersuchte Eliten herausgegriffen werden.

1. Die politische Elite erweist sich, aufs Ganze gesehen, als relativ offen. In den beiden ersten Jahrzehnten der Bundesrepublik dominierten Männer aus den Familien höherer Beamter mit einem Viertel; zusammen mit einem Viertel aus mittleren und höheren Angestelltenfamilien stellen sie die Hälfte der Mitglieder. Inzwischen hat sich ein Übergewicht der bürgerlichen Mittelklassen herausgebildet. Namentlich die großen Volksparteien CDU und SPD besitzen jedoch auch Schleusenwerke, mit deren Hilfe sie Außenseiter emporhieven. Für die SPD transportieren die Gewerkschaften Angehörige dieser Elite nach oben, für die CDU tut das der Arbeitnehmerflügel mit seinen Gremien. Im Vergleich mit allen anderen deutschen Eliten ist die politische Elite deutlich am offensten; dazu hat in den letzten Jahren auch die Frauenquote beigetragen.

2. Die administrative Elite umfasst etwa 500 Männer, die zu den «Mandarinen Westeuropas» (M. Dogan) gehören. 44 Prozent

stammen aus der höheren Beamtenschaft, nur mehr fünf Prozent aus dem Adel. Fünfzig Prozent kommen aus den bürgerlichen Mittelklassen, unter allen sind nur 15 Frauen. Die 44 Prozent aus den höheren Beamtenfamilien stellen den Nachwuchs der «oberen Dienstklasse», wie Karl Renner und Ralf Dahrendorf diese Berufsklasse in der Verwaltungselite genannt haben. Sie kommen aus Familien, die über ein hohes kulturelles Kapital, dazu über das soziale Kapital weit gespannter Netzwerke verfügen, ihren Kindern eine Universitätsausbildung vermitteln und sie überhaupt durch einen Sozialisationsprozess steuern, der später die Herrschaft in bürokratischen Organisationen erleichtert. Wegen der hohen Homogenität bildet diese Dienstklasse auch in der Bundesrepublik eine kompakte soziale Klasse, in der Aufsteiger, etwa nach einem politischen Regimewechsel, eine geraume Zeit lang zu einer Minderheit gehören.

3. Die Justizelite übertrifft allerdings die Homogenität der Administrationselite noch bei weitem. Zählt man zu dieser Elite die Mitglieder der Hohen Bundesgerichte, der Oberlandesgerichte, die Spitzen des Bundesjustiz- und der Länderjustizministerien, ergibt eine Analyse aller 1960 erfassten Oberlandesgerichte, dass die Hälfte ihrer Richter aus Beamtenfamilien, davon wieder etwa 25 Prozent aus Juristenfamilien stammten. Von den Mitgliedern der Hohen Bundesgerichte kamen 44 Prozent aus den Familien höherer Beamter. Eine jüngere Analyse dieser Institutionen aus dem Jahre 1995 hat ergeben, dass inzwischen zwei Drittel aus Beamtenfamilien kommen, Juristenfamilien stellen unter ihnen die Hälfte. Auffällig ist mithin das außerordentlich hohe Maß an Selbstrekrutierung. Nur sehr wenige Mitglieder der Justizelite besitzen eine Herkunft aus Arbeiterfamilien (24) oder den Familien von Landwirten (50).

4. In mancher Hinsicht ist die Wirtschaftselite am interessantesten, denn an ihr lässt sich eine verblüffend effektive soziale Schließung beobachten. Gestützt auf die beiden Ressourcen der Eigentumsmacht und der Positionsmacht hat diese Elite zu-

nächst einmal eine auffällige Kontinuität bis in die frühen 1960er Jahre verteidigt. Die meisten Unternehmer, höhere Manager oder Generaldirektoren, wie man damals noch sagte, hatten schon seit der Weimarer Republik Spitzenpositionen besessen. Seit der Mitte der 60er Jahre soll sich aber dann diese Elite zusehends geöffnet haben, wie das die Elitenforschung von Wildemann und Bürklin, aber auch die Gesellschaftsanalyse von Beck und Luhmann betonen. Die ursprüngliche Exklusivität sei verschwunden, die Wirtschaftselite sei inzwischen offen für Leistungsträger jedweder Herkunft, die Bildungspolitik habe ihre Basis erweitert und den Zustrom nach oben stimuliert. Tatsächlich hat sich aber seit etwa 1970, als die alte Elite durchweg abgetreten war, ein erstaunlich elitärer Abschließungsprozess in den folgenden drei Jahrzehnten durchgesetzt. Bis etwa 1995 stammte die nachgewachsene jüngere Elite zu 80 Prozent aus dem Großbürgertum, zumindest aus dem gehobenen Bürgertum. Bei den 300 größten deutschen Unternehmen waren das 80 Prozent der Vorstände, sogar 90 Prozent der Aufsichtsräte. Diese exklusive Rekrutierung aus dem höheren Wirtschaftsbürgertum der Unternehmer und Manager hat sich laufend verschärft, so dass sich schließlich eine auffällige Homogenität dieser Oligarchie herausgebildet hat.

Wie ist dieser Exklusionsvorgang zu erklären? Die altmarxistische Lehre, dass sich herrschende Klassen immer aus ihresgleichen zu ergänzen verstünden, greift nicht. Am ehesten überzeugt die Habitustheorie Pierre Bourdieus. Er sieht im Habitus eine innere Steuerungsanlage, welche die amerikanische Kulturanthropologie die sozialkulturelle Persönlichkeit nannte. Sie wird im Sozialisationsprozess installiert und führt zu klassenspezifischen Persönlichkeitsmerkmalen, die den Denkstil, das Verhalten, den Sprach-, aber auch den Dresscode, den Geschmack usw. dauerhaft bestimmen.

Welcher Habitus empfiehlt seinen Besitzer für eine Position in der Unternehmensleitung? Das sind das souveräne, selbstsichere Auftreten, die gute Allgemeinbildung, die Geschmackssicherheit, die sprachlich-rhetorische Kompetenz, der Optimismus des Urteils, die unternehmerische Einstellung. Andere Bewerber, die diesen Habitus nicht besitzen, fallen dadurch ab, dass sie die Sicherheit des Auftritts, die Lässigkeit, das Selbstbewusstsein usw. nicht in diesem frühzeitig antrainierten Maße besitzen. Die Dominanz des Habitus, wie er in den oberen wirtschaftsbürgerlichen Klassen aufgebaut und gepflegt wird, beeinflusst dann maßgeblich die Entscheidung für die Rekrutierung des unternehmerischen Spitzennachwuchses, damit aber die Elitenkontinuität und Homogenität anstelle der Mobilität.

Wenn einem auch die Bedeutung des Habitus bei der Erklärung der hohen Selbstrekrutierungsrate der Wirtschaftselite weiterhilft, ist damit doch noch kein rundum negatives Urteil über die Selektionsfunktion des Habitus verbunden. Wie bei der Selbstrekrutierung des Nachwuchses aus Mediziner-, Rechtsanwalts-, Professorenfamilien kann damit ein hohes Maß an funktionsgerechter Sozialisation und lebenspraktischer Orientierung verbunden sein. Andererseits ist damit auch häufig eine Mobilitätssperre verbunden, die dem Ideal der offenen Leistungsgesellschaft widerspricht.

Überdies sorgt primär der Habitus als mentale Sperre auch dafür, dass 80 Prozent der Arbeitersöhne wieder Arbeiter werden; nur einem relativen geringen Teil der Arbeitertöchter gelingt ein erster Aufstieg durch ihre Heirat in die unteren Angestelltenschaft. In der 1990 verblichenen DDR hatte sich übrigens derselbe Rekrutierungsmechanismus herausgebildet: 80 Prozent des Nachwuchses aus Arbeiterfamilien fand sich in einer Arbeiterposition wieder. Auch in der Facharbeiterschaft – unter dem Nachwuchs an- und ungelernter Arbeiter ist die Selbstrekrutierungsrate sogar in beiden deutschen Staaten noch etwas höher gewesen – hat sich daher eine soziale Homogenität gehalten, wie sie sonst nur noch in der Bauernschaft zu finden ist.

Vergegenwärtigt man sich den «Mythos der Leistungsgesellschaft» (M. Hartmann), dem die Bundesrepublik anhängt, zeigt bereits diese knappe Erörterung, dass die soziale Aufstiegsmobilität keineswegs für jeden durch Leistungsqualifikation möglich ist. Eine entscheidende Weichenstellung erfolgt offensichtlich weiterhin in der Familie, die nach Joseph A. Schumpeters berühmter Formulierung ohnehin das «eigentliche Subjekt» der sozialen Klassenbildung ist. Die nachgewiesene Leistungsfähigkeit bleibt weiterhin das Eintrittsbillet in den Mobilitätsfahrstuhl. Diese Leistungsfähigkeit muss mit Hilfe generalisierbarer Kriterien beurteilt werden. Zu der nachgewiesenen Expertise des Handwerkers, Facharbeiters und Angestellten gibt es ebenso wenig eine überlegene Alternative wie zum System der Universitätsdiplome, zum vielfach kritisierten, aber bewährten Berechtigungs- oder Zertifikatswesen. In beiden Fällen hängt der Erfolg nicht nur von der individuellen Leistungsfähigkeit, sondern von der Offenheit der Ausbildungssysteme ab. Sie stellt sich nicht durch wohltätige gesellschaftliche Mechanismen von selber ein, sondern muss durch eine weitsichtige Politik gefördert werden.

16.

Der Pyrrhussieg der Quotengegner

Die unheilige Allianz zur Torpedierung einer gesetzlichen Frauenquote in den Vorständen und Aufsichtsräten hat einen fatalen Erfolg erzielt. Unter dem massiven Druck der FDP, die schon deshalb an der 5 %-Hürde scheitern sollte, aber auch einer Leitfigur reaktionärer Politik wie der Familienministerin Schröder hat Bundeskanzlerin Merkel zunächst einmal die Weichen für die Blockade einer gesetzlich fixierten Quote gestellt, da sie der CDU/CSU die ominöse Flexibilitätsquote, dieses Lieblingskind der Macho-Netzwerke, als Beschlusslage empfohlen hat. So viel politische Unvernunft ist schon lange nicht mehr zusammengekommen. Denn die eklatante Diskriminierung von Frauen in den Führungspositionen namentlich der Großunternehmen ist unbestritten. Arbeitsministerin Ursula v. d. Leyen hat sich deshalb völlig folgerichtig und mit bewundernswürdiger Konstanz für eine Remedur in Gestalt der gesetzlichen Quote eingesetzt, nachdem jahrzehntelang jeder Appell an eine freiwillige Korrektur der Personalpolitik vergeblich geäußert worden ist. Alle guten Argumente sprechen für ihre Position.[1]

Auf dem Arbeitsmarkt baut sich der Druck hochqualifizierter Frauen auf. Denn Abiturientinnen übertreffen seit etwa 2000 mit mehr als 55 Prozent die Anzahl der Abiturienten. Auch Studentinnen liegen bereits seit 1994 mit mehr als 52 Prozent vor den Studenten – in beiden Fällen: weiterhin steigende Tendenz. Nach dem Eindruck zahlreicher Hochschullehrer schaffen die Studentinnen auch die besseren Examensnoten. Und diesen hochqualifizierten Frauen, die zurzeit Doktortitel, Praktika und Erfahrungen sammeln, sollen weiterhin obere Positionen in der Unternehmenshierarchie so konsequent wie bisher verweigert werden?

Überdies ignorieren die Kritiker der Frauenquote, dass in der sozialstaatlichen Demokratie das Gerechtigkeitsargument auf lange Sicht für die weibliche Hälfte der Menschheit arbeitet. Selbst eine bescheidene Quote von dreißig Prozent erreicht daher bei weitem noch nicht die Hälfte der Stellen mit Entscheidungskompetenz.

Das Ringen um die Alternative zwischen gesetzlicher und freiwillig konzedierter flexibler Quote gehört in den historischen Zusammenhang der mühsam erstrittenen Gleichberechtigung der Frauen, die besonders in den letzten vier Jahrzehnten ausgedehnt worden ist. Ihre Hoffnung auf Karrierechancen trifft aber noch immer auf das «Gesetz der hierarchisch zunehmenden Männerdominanz» (R. Geißler): Je höher die Berufsposition gelagert ist, desto ausgeprägter kommt die Vorherrschaft der Männer zur Geltung. Das bestätigen zahlreiche Beispiele. In den Chefetagen der 626 umsatzstärksten deutschen Aktiengesellschaften und Gesellschaften mit beschränkter Haftung fanden sich unlängst sage und schreibe 12 Frauen (0,5%) unter 2286 Männern. An den höchsten Bundesgerichten stellen Frauen fünf Prozent. Immerhin wurde ihre Zahl auf den Richter- und Staatsanwaltsstellen in den zwanzig Jahren bis 2000 von zehn auf 28 Prozent erhöht. An den Schulen stellen Lehrerinnen zwar 56 Prozent des Personals, von den 24000 Schulleitern aber ganze 3000 (13%), von den Schulräten sogar nur acht Prozent. Die Mehrheit der Akademikerinnen wird, nach den Lehrerinnen, von Ärztinnen gestellt, jedoch nur selten erreichen diese die Hierarchiespitze der Chefärzte. In den Redaktionen des Öffentlich-rechtlichen Rundfunks kamen Journalistinnen bis 2000 auf zwanzig Prozent, in den Führungspositionen aber nur auf drei Prozent. Erst vor kurzem haben einige Frauen den Sprung auf den Intendantenposten geschafft. Wegen dieser Ungleichverteilung gehört die Bundsrepublik im Hinblick auf die berufliche Gleichstellung der Frauen noch immer zu den Schlusslichtern der EU.

In dem Streit um die Frauenquote in den Leitungsfunktionen der Unternehmen schlägt sich das Vorurteilssyndrom des Machismo nieder. Dem sprichwörtlich männlichen Zweifel an der Kompetenz, der Belastbarkeit, der Führungsfähigkeit von Frauen steht jedoch das diametrale Gegenteil in der beruflichen Realität gegenüber. Es lohnt sich, die in der bundesrepublikanischen Diskussion rundum ignorierte internationale Fachliteratur, die namentlich von Ökonomen und Soziologen stammt, zu den Folgen der Frauenquote in Skandinavien, England, Frankreich, Holland, Spanien und in den USA endlich zur Kenntnis zu nehmen. Unter dem Strich tritt aus den Ergebnissen dieser Studien hervor, dass Frauen Leitungsfunktionen mindestens so gut, wenn nicht sogar besser als Männer ausfüllen können. Denn sie sind, so die Bilanz, teambewusster, kommunikativer, innovativer, entscheidungsfreudiger, planungsfähiger, wenn sie auf Entscheidungspositionen operieren. Vor allem aber erwirtschaften sie, last but not least, eine höhere Rendite für ihre Unternehmen, als das die Männerrunde vor ihnen getan hat. Klassische Beispiele sind die schwedische Spitzenbankerin und die norwegische Topunternehmerin (mit der Herkunft eines serbischen Emigrationskindes!). Das ist ein so verblüffend positives Ergebnis, dass es in jeder kapitalistischen Marktwirtschaft ein schlechterdings durchschlagendes Argument verkörpert, welches die Gerechtigkeits- und Qualifikationspostulate nachdrücklich unterstützt.

Vergegenwärtigt man sich diesen internationalen Kontext (zu dem jetzt auch die Quotenunterstützung durch die Brüsseler Justizkommissarin Reding gehört) und die Schubkraft der auf den Arbeitsmarkt vordrängenden jungen Frauen, lässt sich keine stichhaltige Ablehnung der gesetzlichen Frauenquote auf die Dauer durchhalten. Die Opposition aus der borniertenMännerwelt der FDP, von Ministerin Schröder auf ihrem neuen Irrweg und einer kurzatmig nachgebenden Kanzlerin hat so nur zu einem Pyrrhussieg geführt. Denn die realistisch denkende Mehrheit des Parlaments wird in absehbarer Zeit die überfällige Entscheidung zugunsten von Ursula v. d. Leyen durchsetzen. Wie töricht kann die schwarz-gelbe Koalition aus ihrem engstirnigen Interessenegoismus nur sein, sich diese Quotenblöße ausgerechnet vor dem Wahlkampf von 2013 zu geben?

17.

Forsthoff etwas konkreter

Der Konstanzer Rechtsprofessor Bernd Rüthers hat als einer von wenigen Juristen seit langem seinen kritischen Blick auf die schmähliche Fachvergangenheit im «Dritten Reich» gerichtet und jetzt noch einmal auf dieser Linie in seinem vorzüglichen Aufsatz (FAZ 19. 9. 2012) vor allem einen kritischen Überblick über das Weltbild und die Karriere des Staatsrechtlers Ernst Forsthoff gegeben. Sein knappes Urteil über Forsthoff in den Jahren 1931/34 verdient jedoch eine konkretisierende Ergänzung, da Forsthoff vielerorts noch immer ein wahrer Nimbus umgibt.

Forsthoff, Frankfurter Juraprofessor, prominenter Schüler Carl Schmitts, damals auch schreibfreudiger völkischer Publizist, optierte 1933 mit atemloser Hast in seinem gleichnamigen Buch für den «Totalen Staat», der 1933 an die Stelle des «Staates von Weimar», dieser «Verfallsform des bürgerlichen Rechtsstaats», treten werde. «Alle instinkthaften, vorwärtstreibenden, in der Substanz revolutionären Kräfte sind zum Angriff auf das Erbe dieser Zeit übergegangen. Das bürgerliche Zeitalter wird liquidiert, und es ist die Verheißung einer besseren Zukunft, dass es mit rücksichtsloser Entschlossenheit und den Mut zur äußersten Konsequenz geschieht. Nur akademische Pedanten werden darüber erschrecken», wusste der feinsinnige Rechtsgelehrte, «dass diese Abrechnung summarisch erfolgt». Hinter der Kritik witterte Forsthoff nur «die Absicht der Sabotage» durch den «jüdischen Journalismus». Als Ziel schwebte ihm eine «auf echten Rangverhältnissen ruhende Ordnung des gesamten Volkes» vor. Jenseits des «verfehlten rechtsstaatlichen Denkens» mit seinen «antiquierten Freiheiten» müsse die «neue Verfassung des totalen

Staats ... von Freund und Feind» ausgehen, wie das unlängst Forsthoffs Lehrer Schmitt mit seiner «innerstaatlichen Feinderklärung» eingeschärft hatte: «von volksgemäß und volksfremd, von deutsch und undeutsch». Anstatt weiter auf der liberalen «Entartung» der Trennung von Staat und Gesellschaft zu beharren, müsse die «Totalität des Politischen im totalen Staat ihre Form finden». Einspruch sei «mit aller Schonungslosigkeit auszurotten». Missachtung staatlicher Autorität «rücksichtslos auszumerzen».

Alsdann müsse «die Herrschaftsordnung des totalen Staates» in «der Form einer persönlichen Herrschaft organisiert werden», zu der Hitler dank seiner «unvergleichlichen persönlichen Qualitäten» berufen sei. Und welche vordringliche Aufgabe stand dem «Führer» jetzt bevor? 1933 «wurde der Jude ... zum Feind und musste als solcher unschädlich gemacht werden». Die anlaufende «Säuberung» diene nun dazu, so Forsthoffs Apologetik der «Judenpolitik» und des ersten Pogroms, «in Vollziehung der Unterscheidung von Freund und Feind alle diejenigen auszumerzen, die als Artfremde und Feinde nicht länger geduldet werden konnten». Wenn aber «das internationale Judentum» sich des Versailler Vertrags bemächtige, um «den deutschen Lebensraum weiter zu verengen», trete ihm «ein Geschlecht» entgegen, «das die Gefahr nicht fürchtet», vielmehr «heroisch» handeln werde. Diese antisemitische Tonlage wurde in der zweiten Auflage des «Totalen Staates» (1934) noch einmal verschärft. Unterschied sich Forsthoff wirklich von Schmitts «krudem Antisemitismus» (Rüthers)?

Dass die Vermischung der Terminologie Schmitts mit der eugenischen Semantik zum Postulat des rassistischen Bürgerkriegs führte, durch den der totale Staat erst die «Einheit des Volkes» erzwingen musste, konnte bei diesem Sprecher der «jungen Generation», der die «Revolution von rechts» seit Jahren (1931/32) energisch unterstützt hatte, nicht überraschen. Doch die Brutalität der Sprache, die nackte Verachtung von Liberalismus und

Rechtsstaat, der über den Honoratiorenantisemitismus weit hinausgehende unverhüllte Judenhass, die devote Verklärung der Führerherrschaft – sie beschrieben dem Lesepublikum (und seinen Studenten), wohin der Marsch in Forsthoffs «bessere Zukunft», in die schöne neue Welt des judenfreien totalen Staates gehen sollte.

Dass Forsthoff sich wegen mancher Reibungen allmählich vom NS-Regime etwas distanziert habe, wie ihm das später die üblichen Persilscheine bestätigten, mag dahingestellt bleiben. Sein wichtiges Buch «Die Verwaltung als Leistungsträger» (1938), in dem er die Transformation des Staates vom Nachtwächterstaat zum modernen Leistungsverwalter nachwies, gilt unter Juristen, die von der historischen Forschung zur Staatsbildung offenbar kaum Ahnung haben, noch immer als bedeutende Leistung. Doch war es nicht auch als Reformschrift gedacht, um die effektive Funktionstüchtigkeit des «Dritten Reiches» zu steigern und damit seine Legitimationsgrundlage zu befestigen? Und möchte etwa jemand seine tendenziöse «Deutsche Verfassungsgeschichte der Neuzeit» von 1940 noch weiter empfehlen?

Zurück auf seinem Heidelberger Lehrstuhl (milde entnazifiziert als «belastet») kritisierte Forsthoff mit gewohnter Schärfe das Grundgesetz und das Bundesverfassungsgericht, vielfach wieder wie Anfang der 30er Jahre unter der Tarnung des Pseudonyms, da ihm die vom BVG drohende «Tyrannei der Werte» die Erinnerung an die Mithilfe bei der Verwirklichung der «Werte der Tyrannei», wie Rüthers präzise argumentiert, verdrängte. Auch Forsthoffs letzte Schrift (Der Staat der Industriegesellschaft, 1971) enthielt eine mäkelnde, hämische, vor allem verständnislose Kritik an den Grundlagen des westdeutschen Neustaates, da er die Erfolgsfusion von Rechtsstaat, Verfassungsstaat, Sozialstaat und leistungsfähiger Marktwirtschaft verkannte. Stattdessen bestand er auf der anachronistischen obrigkeitsstaatlichen Ideologie des autonomen staatlichen Herrschaftsapparats.

Lässt man Forsthoffs Leben von 1931 bis 1974 dergestalt noch einmal auf sich wirken – was bleibt dann vom Nimbus des berühmten Staatsrechtslehrers?

18.

Alys neuer Irrweg

Manche Bücher kann man als Akt der Selbstdisziplinierung verstehen. Auf den ersten Blick gehört dazu das neue Buch von Götz Aly: Anfangs der 1968er Radikalinski in Berlin, dann schreibfreudiger Historiker, allmählich vorzüglicher Kenner des Holocausts. Seine Erklärung der Massenvernichtung schwankte freilich hin und her. Geraume Zeit hing er der vulgärmarxistischen Kritik am Kapitalismus als Pauschalursache des Judenmords an. Später konzentrierte er sich auf die Folgen der Eugenik und der deutschen Umsiedlungspolitik, die Hunderttausende von Juden zusammentrieb und damit die Vernichtungspolitik begünstigte. Oder er betonte die gedankliche Vorarbeit perfider Schreibtischtäter – der Demographen, Historiker, Eugeniker, Ministerialbeamten –, die den Holocaust planerisch vorwegnahmen.

Von all diesen dogmatischen Ansätzen ist in dem neuen Buch nicht mehr die Rede.[1] Dieser Längsschnittstudie zur deutschen Geschichte zwischen 1800 und 1933, deren roter Faden der Antisemitismus bildet, liegt vielmehr ein sozialpsychologisches Erklärungsmodell zugrunde. Es ist der Sozialneid, mit dem angeblich zahllose Deutsche auf den verblüffend erfolgreichen Aufstieg der Juden reagierten – ein Neid, der sich hin zum dumpfen Hass steigerte, bis er schließlich eine verhängnisvolle Fusion mit dem modernen Rassenantisemitismus einging.

Zunächst gelingt Aly ein durchaus fairer Rückblick auf die, aufs Ganze gesehen, erfolgreiche Judenemanzipation in den deutschen Staaten des 19. Jahrhunderts. Dazu gehörte auch ein außerordentlich schneller Aufstieg in das deutsche Bildungs- und Wirtschaftsbürgertum, so dass zahlreiche jüdische Beobachter, Intellektuelle zumal, von einer gelungenen sozialkulturellen Symbiose sprachen, die anderswo so nicht erreicht wurde. Kein Wunder mithin, dass Abertausende von Juden aus dem polnischen Teilungsgebiet Russlands oder als Reaktion auf die blutigen Pogrome des späten Zarenreichs ins gelobte Land im Westen auswanderten.

Die Traditionen der jüdischen Schrift- und Lesekultur haben dort den Weg in das höhere Bildungssystem fraglos gefördert. Jüdische Rechtsanwälte, Ärzte, Hochschullehrer stellten zu Beginn des 20. Jahrhunderts einen erstaunlich hohen Anteil unter den Akademikern. Und eben diese beruflichen Karriereerfolge schürten, so Alys These, einen ebenso gehässigen Neid wie der Blick auf die reichen jüdischen Bank- und Handelsgeschäfte.

Der Autor versagt sich in seinem Buch jede vergleichende Perspektive. Aber war dieser deutsche Sozialneid wirklich ausgeprägter als im Frankreich der Dreyfus-Affäre, im Russland blutiger Pogrome, im Österreich eines giftigen Antisemitismus? George Mosse, Sprössling einer berühmten jüdischen Berliner Unternehmerfamilie und nach der Emigration bekannter Historiker in den USA, pflegte die Behauptung zu vertreten: Wenn vor 1914 die Möglichkeit eines antijüdischen Massenmords überhaupt erörtert worden wäre, hätte jeder Kenner an das Frankreich der Dreyfus-Affäre, allenfalls an die Untaten der Kosaken gedacht.

Die Grundlage des fatalen Sozialneids, glaubt Aly, sei der allzu gemächliche Aufstieg der Deutschen gewesen, wie sie selber im Vergleich mit ihrer jüdischen Konkurrenz, zusehends hasserfüllter, konstatierten. Diesem Urteil liegt ein gründliches Missverständnis zugrunde, denn nicht nur war um 1850 die Alphabetisierung der Bevölkerung erreicht, sondern Gymnasien und Universitäten nahmen zusehends Angehörige der bürgerlichen Mittelklassen, keineswegs nur den bildungsbürgerlichen Nachwuchs, auf. Im internationalen Vergleich war das deutsche Bildungssystem offener als das französische, erst recht das englische und das vermeintlich egalitäre amerikanische. Die deutsche

Gesellschaft durchzogen lebhafte Aufstiegsprozesse, da sich die Berufswelt zunehmend ausdifferenzierte. Wer daher von schmalen Mobilitätskanälen und verlangsamten Aufwärtsbewegungen deutscher Schüler und Studenten spricht und diese Verzögerung zur Grundlage eines angeblich generellen Sozialneids macht, den die schnell aufsteigenden Juden auslösten, hat aus der internationalen Mobilitätsforschung zu der hochgradig in Bewegung versetzten deutschen Gesellschaft keine empirischen Kenntnisse abgerufen.

Wegen der Dramatisierung des Sozialneids deutscher Jungakademiker kommen wichtigere Elemente der deutschen Judenfeindschaft überhaupt nicht zur Geltung. Seit anderthalb Jahrtausenden hatte sich z. B. der vehemente christliche Antijudaismus gegen das «Volk der Gottesmörder» in die westlichen Gesellschaften hineingefressen. Olaf Blaschkes glänzende Studie über den katholischen Antisemitismus hat das unlängst in aller Klarheit noch einmal herausgearbeitet. Dieser traditionelle Antijudaismus war in der Kollektivmentalität ungleich tiefer verankert als der ominöse Sozialneid.

Wie jeder westliche Nationalismus kultivierte auch der deutsche die Vorstellung vom «auserwählten Volk». Diese Idee stammte zwar aus der alttestamentarischen Gedankenwelt, doch das Exklusionsdenken der deutschen Nationalgemeinde schloss, auf das Ideal der homogenen Nation fixiert, gerade die jüdischen Fremden nur zu oft aus. Und der seit den 1870er Jahren aufkommende Rassenantisemitismus, der später die Spitzen und große Kader der NS-Bewegung beherrschte, zehrte ohnehin von einem giftigen Ideengebräu, das mit anderen Denkfiguren und Emotionen arbeitete, als sie dem Sozialneid zugeschrieben werden können. Ein absolutes Novum war dann die Tatsache, dass der NS-Rassenantisemitismus seit 1933 zum ersten Mal zur Praxis eines modernen Staates gemacht wurde.

Antijudaismus, Nationalismus und Rassismus sind seit dem späten 19. Jahrhundert eine unheilvolle Fusion eingegangen.

Dennoch sank vor dem Ersten Weltkrieg die Anzahl der Wählerstimmen der antisemitischen Parteien genauso wie die der Mitglieder der antisemitischen Verbände drastisch ab – Sozialneid hin oder her. 1914 stellten Wissenschaftler jüdischer Herkunft, wie ein berühmter Aufsatz des deutsch-amerikanischen Historikers Fritz Ringer dargetan hat, ein Fünftel der deutschen Hochschullehrer – ein Beweis für aktiven Sozialneid unter den angeblich besonders empfindsamen Akademikern?

Seit dem Ersten Weltkrieg folgte jedoch eine Verkettung von Zäsuren, ohne die das Verbrechen der Folgezeit nicht vorstellbar wäre. Die perfide «Judenzählung» des Militärs aktivierte seit 1916 die antijüdische Diskriminierung. Die Kriegsniederlage und der Versailler Frieden wurden ebenso den Juden vorgeworfen wie die Hyperinflation und die Weltwirtschaftskrise seit 1929. Und während der fatalen Erosion des politischen Systems zwischen 1930 und 1933 konnte die Neue Rechte mit Hitler, am richtigen Ort und zur richtigen Zeit, einen radikalen Antisemiten als Führungsfigur präsentieren, die eine charismatische Herrschaft erst über die NS-Bewegung, dann über das «Dritte Reich» zu errichten im Stande war.

Ohne die von Hitler inspirierte und durchgesetzte Vernichtungspolitik, das haben Ian Kershaw und andere Hitler-Kenner nachdrücklich betont, hätte es keinen Holocaust gegeben. Von dem ausschlaggebenden Einfluss von Hitlers Weltbild ist bei Aly aber genauso wenig die Rede wie von den anderen Beschleunigungsfaktoren seit 1914. Insofern ist seine Stilisierung des Sozialneids zur Schlüsselerklärung für den Aufstieg des deutschen Antisemitismus ein klassischer «Flop», der zentrale Elemente nicht einmal ins Auge fasst, geschweige denn ihrer Komplexität gerecht wird. Man fragt sich, wie überaus wohlwollende Rezensenten (wie etwa Gustav Seibt in der Süddeutschen Zeitung vom 12.8.2011) auf solch ein flüchtig fabriziertes Buch hereinfallen konnten?

19.
Gilt der «Primat der Sicherheit»?

In den letzten Jahren sind wir über die Geschichte der «alten» Bundesrepublik gut informiert worden. Da gab es die kompakten Darstellungen von Manfred Görtemaker (1999), Heinrich August Winkler (2000), Peter Graf Kielmansegg (2000), Edgar Wolfrum (2006) und Andreas Wirsching (2006, nur die Zeitspanne von 1982 bis 1990 umfassend, aber exzellent ausgeführt); dazu den vorzüglichen Überblick von Mary Fulbrook (2002); im Vergleich damit fällt der prätentiöse, modisch-postmoderne Essay von Jarausch und Geyer ab. Jetzt präsentiert der Marburger Historiker Eckart Conze eine neue Gesamtdarstellung der ersten sechzig Jahre der Bundesrepublik, mithin auch einschließlich der zwanzig Jahre der «Berliner Republik» (die soeben auch Görtemaker, 2009, porträtiert hat).[1] Der einfache Grund: Damit werde immerhin trotz der Nähe dieser Vergangenheit ein Drittel der Existenzdauer der Bundesrepublik erstmals mit erfasst.

Auf sage und schreibe 990 Textseiten bringt Conze, soviel nur zu den Proportionen, neun chronologisch und sachlich untergliederte Kapitel unter: 644 Seiten sind der «alten» Bundesrepublik, 247 Seiten der neuen seit 1990 gewidmet. Das mächtige Konvolut zeichnet sich sowohl durch eine imponierende Bewältigung der Informationsmasse als auch durch die analytische Durchdringung der Probleme aus. Sein Ziel ist es, eine moderne Politikgeschichte des deutschen Neustaats von 1949 bis gestern vorzulegen. Hinter dieser vorrangigen Interpretationsentscheidung treten andere Ansätze, etwa die Wirtschafts-, die Sozial-, die Kulturgeschichte, deutlich zurück, ohne jedoch völlig vernachlässigt zu werden. Vielmehr werden immer wieder wichtige Teilaspekte dieser Disziplinen geschickt beleuchtet.

Zur Leitlinie dieser anspruchsvollen Deutung wird die anthropologische Konstante des menschlichen Grundbedürfnisses nach «Sicherheit» erhoben. Sie gilt als der «rote Faden durch die Geschichte der Bundesrepublik», die von der «Suche nach Sicherheit» bestimmt sei. In diesen «umfassenden soziokulturellen Orientierungshorizont» sollen Darstellungen und Problemanalyse eingebettet werden.

Dem Verfasser gelingt es durchaus immer wieder, seiner hermeneutischen Axiomatik eine schlüssige Interpretation abzugewinnen. Überhaupt beweist er eine ausgeprägte Fähigkeit, die empirische oder deutende Antwort auf seine Fragen zu bändigen: entschieden im Urteil, nüchtern, ja kühl in der Form, verfasst in einer menschenfreundlichen Prosa, die vor dem Jargon auf der Hut bleibt. Aber seine Leitlinie «Sicherheit» und sein Vorhaben, endlich eine moderne deutsche Politikgeschichte zu präsentieren – sie werfen auch Fragen auf. Reicht für die Analyse von sechzig Jahren eines politischen Gemeinwesens – in turbulenten Zeiten zumal, von verblüffenden Erfolgen begünstigt, aber auch mit der Bürde dieser Erfolge belastet – die einzige Leitfrage nach Sicherheit wegen ihres vermuteten «reichen Erkenntnispotentials» wirklich aus? Genauso, wie man das wissenschaftliche Werk einer bedeutenden Figur wie Max Weber nicht mit Wilhelm Hennis auf eine Grundfrage reduzieren darf, gilt diese Warnung erst recht für die Entwicklungsgeschichte eines modernen Staates. Nach den Schockwirkungen, die von zwei totalen Kriegen, der Hyperinflation, der Weltwirtschaftskrise seit 1929 und den schlimmen Nachkriegsjahren nach 1945 ausgingen, war jenes hochempfindliche Sicherheitsbedürfnis der Deutschen nur zu verständlich, das in die Sehnsucht nach (und den Genuss von) «Ultrastabilität» (R. Löwenthal) mündete. Doch der historisch beispiellose Aufschwung des «Wirtschaftswunders» z. B. kann aus dem Sicherheitsverlangen nicht überzeugend erklärt werden, die rasanten Veränderungen der Sozialhierarchie sowie ihre ebenso erstaunlich dauerhaften Strukturen können es auch nicht.

Die Reformwellen seit den späten 50er, erst recht seit den frühen 60er Jahren sind ebenfalls kein Ausfluss primär der Sicherheitsbesessenheit, die erstaunlichen Leistungen des Bundesverfassungsgerichts, mit letztinstanzlicher Entscheidungskompetenz das altliberale Ideal des Rechtsstaats zu vollenden, auch nicht usw. Wenn man zu viele andersartige Antriebskräfte oder Restriktionen ignoriert, lastet man der Leitfrage nach «Sicherheit» ein Übermaß an Deutungskraft auf.

Überdies kommt die «moderne Politikgeschichte», für die Conze seit längerem mit guten Argumenten geworben hat, an dieser Stelle wider Erwarten im Grunde doch ziemlich konventionell daher. Die Weite ihrer Gesichtspunkte und die zügige Darstellung sind gar nicht zu bestreiten. Doch wo bleiben schärfere analytische Fragen nach der Komposition und Rolle der Parteien und Verbände, der alten wie der neuen Funktions- und Machteliten, nach der Rolle der kritischen öffentlichen Meinung mit den prägenden Formulierungen der Qualitätspresse, die von der Politik oft aufgegriffen werden, nach dem Aufstieg politischer Themen von den «Graswurzeln» in der lokalen und familialen Welt bis hinauf in die höchsten Entscheidungsgremien? Warum werden bei einem so umstrittenen Komplexphänomen wie dem Föderalismus nicht die glänzenden systematischen Fragestellungen von Manfred G. Schmidt und Klaus v. Beyme aufgegriffen? Wo werden die Weltbilder, auch die Mythen, exakt diskutiert, die das politische Handeln in Entscheidungsprozessen nicht selten anleiten?

Diese neue Geschichte der Bundesrepublik bleibt eine sehr respektable Leistung. Doch das Interpretationsmonopol der «Sicherheit» vermag ganz so wenig rundum zu überzeugen, wie die Form der Politikgeschichte, die dem Modernitätspostulat, möglichst viele Wirklichkeitsdimensionen mit dem Ziel der Synthese unter dem Dach einer weit verstandenen Politik zu integrieren, noch nicht gerecht wird. Im Vergleich mit solchen eher grundsätzlichen Problemen tritt das Gewicht mancher angreifbarer

Positionen zurück. Soll man z. B. Kurt Schumacher und Ludwig Erhard «charismatische» Figuren nennen, wenn der Begriff seine Trennschärfe behalten soll? Lässt sich die Sozialformation des Bürgertums in der Bundesrepublik durch «Bürgerlichkeit» ersetzen? Hätte sich nicht die Entstehung der kritischen Öffentlichkeit seit den späten 50er Jahren (unlängst brillant dazu C. v. Hodenberg) als Thema gelohnt? Hätte der artifizielle Begriff der «Westernisierung» wegen seiner erwiesenen Untauglichkeit nicht durch Amerikanisierung ersetzt werden sollen? Hätte die zeitweilig vorherrschende Wirkungsmacht des Marktfanatismus und Turbokapitalismus nicht eine weiter ausholende prinzipielle Kritik verdient usw.?

Der Verfasser bietet bewusst keine Parallelgeschichte der DDR, möchte aber dem Leben der Deutschen in der DDR, namentlich ihrer Auseinandersetzung mit den Folgen der Staatenfusion von 1990 gerecht werden. Um die Kritik am SED-Regime in der ostdeutschen Satrapie des Sowjethegemons zu verstehen, hätte er dafür aber auch hervorstechende Eigenarten dieser Diktatur konzis bestimmen müssen. Diese sind jedoch, ein hoher Peis für das Verstehensplädoyer, ausgeblendet worden. Dadurch kommt ein falscher Grundton in die Darstellung des letzten Drittels der bundesrepublikanischen Geschichte. Im Zeichen der durch eine bizarre Ostalgie verzerrten Debatte über die banale Weisheit, dass die DDR ein Unrechtsstaat par excellence war, schwächt diese Zurückhaltung des Verfassers die Wirkung seiner Argumente, die auf ein gerechtes Urteil zielen.

20.

Die neue Umverteilung – wachsende Ungleichheit in Deutschland

Die FDP strengt sich mächtig an, unter der 5%-Hürde zu bleiben und damit endgültig in das politische Nichts abzuwandern. Rösler – und vor ihm Westerwelle – haben der Kanzlerin ultimativ ihre Opposition gegen die gesetzliche Frauenquote in den Vorständen der großen Unternehmen angekündigt. Der unheiligen Allianz von FDP, Kanzleramt und reaktionärer Familienministerin ist diese Blockade gelungen, obwohl soeben Frau Reding von der EU-Kommission die Quotenunterstützung ex officio angekündigt hatte. Das neue Bubenstückchen ist ein Pyrrhussieg, den vor allem wieder FDP-Chef Rösler mit der Verstümmelung des neuen Armuts- und Reichtumsberichts errungen hat. Die ursprüngliche Fassung des vierten Berichts, der einigen Journalisten und Politikern bekannt geworden war, enthielt kritische Informationen, von denen man sogleich annehmen konnte, dass die politischen Lemuren nicht zögern würden, ihren Willen zu mobilisieren.

So wurde dort zum Beispiel die Verdoppelung des Privatvermögens in den letzten Jahren von 4,5 auf 9 Billionen Euro nicht nur beim Namen genannt, sondern auch enthüllt, dass der Löwenanteil zu den obersten fünf Prozent der Sozialhierarchie gewandert war. So wurde ebenfalls die weiter anhaltende Öffnung der Einkommensschere kritisch konstatiert, da in den letzten acht Jahren die Realeinkommen der deutschen Mittelklassen – anders als in allen anderen westeuropäischen Ländern – stagniert hatten, während die Einkommen und Vermögen der obersten zehn Prozent auf atemberaubende Weise in die Höhe geschnellt waren. In diesem Stil ließen sich weitere brisante Punkte nennen, die dem Kürzungseifer des politischen Kartells von Röslers FDP und Kanzleramt geopfert worden sind. Frau v. d. Leyen, deren Arbeitsministerium für den Bericht zuständig ist, wurde offenbar schnöde übergangen.

Hatten die früheren Armuts- und Reichtumsberichte den Nimbus außerordentlich sorgfältig gearbeiteter Analysen der deutschen Sozialstruktur gewonnen, wurde der Staatsbürger jetzt bei der Behandlung des vierten Berichts Opfer einer massiven Intervention, die ihm fundamental wichtige Informationen kaltblütig vorenthält. Und nicht nur das: Die Beschwörung in der einseitig redigierten Fassung des Berichts läuft auf einen Betrug der kritischen Öffentlichkeit hinaus. Wo ist ihr sprichwörtlich empörter Aufschrei bisher geblieben? Hier lohnt sich ein Blick zurück.

Die Bundesrepublik ist bekanntlich seit den frühen 50er Jahren, seit dem Beginn des «Wirtschaftswunders», durch ein überraschend stabiles Ordnungsgefüge gekennzeichnet. Das «Spitzenquintil» – die vom Statistischen Bundesamt sogenannten obersten zwanzig Prozent der Bevölkerung – hat 43,5 Prozent der Einkommen und Vermögen an sich gebunden; das unterste stagniert dagegen bei sieben Prozent, während die Mittelklassen stets bei 49,4 Prozent lagen. Das Verblüffende an dieser Struktur ist die Konstanz, mit der sie sich in den ersten fünfzig Jahren gehalten hat. Das rapide ansteigende Volumen des Einkommens und des Vermögens ist natürlich dank der Wohlstandsexplosion drastisch verändert, doch ihr Verteilungsmodus ist insgesamt stabil geblieben.

Die 23 Jahre des «Wirtschaftswunders» haben einen einmaligen Sockel für die seither beispiellos steigenden Einkommen geschaffen. Nie zuvor hat es in Deutschland eine solche Epoche wie die Hochkonjunkturperiode von 1950 bis 1973 gegeben, und nie hat sie sich seither wiederholt. Das westdeutsche Sozialprodukt verdreifachte sich in dieser Zeitspanne. Die durchschnittlichen jährlichen Wachstumsraten lagen bei 6,5 Prozent. Bis zum

Einschnitt der ersten Ölkrise von 1975 verzehnfachte sich das durchschnittliche Nettohaushaltseinkommen von 357 Mark auf 3705 Mark. Die Bruttowochenlöhne kletterten von 1950 = 166 DM bis 1970 auf 1080 DM. Das Volkseinkommen verachtfachte sich pro Kopf bis 1990 schneller als in allen anderen westlichen Gesellschaften.

Der erste Armuts- und Reichtumsbericht von 1995 ermittelte die zehn Prozent an der Spitze als Bezieher von 35 Prozent des Nettogesamteinkommens. Zwei Millionen Reiche lagen jenseits der sogenannten Reichtumsgrenze, d. h. um mehr als das Doppelte über dem durchschnittlichen Nettoeinkommen. Die reichsten fünf Prozent erzielten zusammen ein Einkommen, das 95 Prozent aller Einkommensbezieher zusammengenommen nicht erreichten. Diese «Superreichen» unter den 27000 Millionären konnten jedoch, wie das Statistische Bundesamt beschämt zugab, nicht korrekt erfasst werden, da sich Vermögen über zwei Millionen dem Statistischen Bundesamt schlechterdings entzögen. Aus dieser Dunkelzone stammen vermutlich die 180 Milliarden der deutschen Steuerflüchtlinge in der Schweiz, auch die hohen Summen in Luxemburg und neuerdings in Singapur. Zwei OECD-Studien haben im Gegensatz dazu 2011 nachgewiesen, dass die Ungleichheit in Deutschland wegen der Teilzeitarbeit und der Minijobs steil anwächst, da es seit 1984 in diesem Bereich zu einem Anstieg von drei Millionen auf mehr als acht Millionen Erwerbstätige gekommen ist.

Ungleich schärfer noch als die Einkommensverteilung weisen die Vermögensverhältnisse eine krasse Umverteilung auf. Sie zeigen die Klassengrenzen anhand eines in Deutschland bisher einmaligen Reichtums. Zwei Zahlen mit Signalwirkung: 1970 kontrollierte das oberste Dezil schon 44 Prozent des gesamten Nettogeldvermögens. Und 2000 besaßen allein fünf Prozent die Hälfte des gesamten Vermögens; 2011 gehörten dem reichsten Dezil 66 Prozent des Geldvermögens. In einem dramatischen Konzentrationsprozess hat mithin das oberste Zehntel sage und schreibe zwei Drittel des Privatvermögens an sich gezogen. Bei den obersten fünf Prozent befanden sich 36 Prozent dieses Vermögens. Die deutschen Reichen waren noch nie so reich wie in der unmittelbaren Gegenwart. Noch nie hat sich daher die Kluft zwischen ihnen und der arbeitenden Bevölkerung so weit geöffnet. Hundert Milliardäre stehen 2012 an der Spitze von 345 000 Vermögensmillionären.

Dieser Konzentrationsprozess war in seinen Grundzügen schon längst bekannt. Der prominente Ökonom Wilhelm Krelle hat Anfang der 60er Jahre ermittelt, dass 1,7 Prozent der westdeutschen Haushalte über 74 Prozent des Produktionsvermögens und 35 Prozent des Gesamtvermögens verfügten. Als er 30 Jahre später seine Untersuchung wiederholte, stieß er auf dieselben irritierenden Zahlen: 1,4 Prozent hielten 35 Prozent, 12 Prozent 60 Prozent des Gesamtvermögens. 7700 Haushalte besaßen 51 Prozent des Betriebsvermögens; das oberste Quintil kam auf 70 Prozent des Nettohaushaltsvermögens, die unteren 30 Prozent erreichten dagegen nur 1,5 Prozent. Beide Male lösten diese irritierenden Befunde keine öffentliche Debatte aus.

Die Vermögenslage wird in unserer Gegenwart noch dadurch drastisch verschärft, dass zum zweiten Mal eine Erbengeneration – erstmals seit den «goldenen Jahren» vor 1914 – in den Genuss einer gewaltigen Erbmasse kommt. In den späten 90er Jahren wurden die ersten Milliarden von der Aufbaugeneration des «Wirtschaftswunders» vererbt. Dann aber setzte erst eine wahrhaft massive Erbschaftszuteilung ein. Denn zwischen 2000 und 2010 wurden in Deutschland zwei Billionen Euro vererbt. In den 37 Millionen Haushalten hatte sich bis dahin ein Vermögen von 7,7 Billionen Euro angesammelt, und davon befanden sich volle zwei Billionen Euro in der Hand von Haushalten, die in diesem Jahrzehnt durch Tod erloschen sind. Erfasst wurden 27 Prozent des Nettovermögens aller Privathaushalte. Für die Erben des folgenden Jahrzehnts von 2010 bis 2020 gilt die Begünstigung in noch höherem Maße. Mehr als drei weitere Billionen Euro werden nämlich erneut vererbt. Das «Deutsche Institut für Altersvorsorge» hat geschätzt, dass seit 2010 jedes Jahr 260 Milliarden Euro erbrechtlich den Besitzer wechseln. In dieser Dekade geht es mithin um 3,2 Billionen Euro Erbmasse, erst danach setzt ein deutliches Schrumpfen ein.

Ohne jede kontroverse Debatte werden zwischen 2000 und 2020 mehr als fünfeinhalb Billionen Euro vererbt. Besäßen wir, wie andere Länder, eine Erbschaftsteuer von 50 Prozent, hätte die Bundesrepublik mehr als 2,5 Billionen Euro gewonnen, die sie für den Ausbau des Bildungssystems, des Verkehrsnetzes, die Renovierung der Infrastruktur in den west- und ostdeutschen Städten ohne irgendeine neue Belastung des Steuerzahlers hätte einsetzen können. Anstatt aber die Erbschaftsteuer endlich anzuheben, ist sie unter dem Druck der Lobby unlängst sogar noch weiter abgesenkt worden, so dass die Verbesserung des Gemeinwohls krass missachtet worden ist.

Die Verteilung dieser riesigen Erbmasse von 5,5 Billionen treibt die Vermögenskonzentration weiter machtvoll voran. Denn die sogenannten Großerben erhalten jedes Jahrzehnt mehr als eine Billion Euro. Die Vermögenszusammenballung hat sich also in den letzten Jahren folgerichtig fortgesetzt. 1993 besaß das oberste Dezil 44 Prozent des Nettovermögens. Bereits 2001 wurden unter seinen Fittichen 61 Prozent aller Privatvermögen registriert. In den letzten fünf Jahren ist das Privatvermögen von 4,5 auf neun Billionen angestiegen. Dieser drastische Zuwachs ballt sich überwiegend bei den obersten fünf bis zehn Prozent der Bevölkerung zusammen. Eben diese krasse Ungleichverteilung soll angeblich aus dem Armuts- und Reichtumsbericht gestrichen werden.

Die Vermögenswanderung nach oben ist vor allem Topmanagern und Unternehmensbesitzern zugute gekommen. 1989 hatten die dreißig Dax-Vorstände im Schnitt als Jahreseinkommen 500 000 Mark erhalten. Keiner ist damit verhungert. Zwanzig Jahre später liegen diese Einkommen bei sechs Millionen Euro,

Winterkorn steht als VW-Vorstandsvorsitzender mit 17,5 Millionen Euro an der Spitze. 1985 standen die Vorstandsgehälter in den großen deutschen Aktiengesellschaften zur durchschnittlichen Vergütung ihrer Arbeitnehmer im Verhältnis von 20:1. Aber 2011 betrug dieses Verhältnis 200:1.

Die Einkommensexplosion bei den Spitzenkräften stellt, wie Peer Steinbrück geurteilt hat, ein «katastrophales Signal» dar. Und Edzard Reuter, der Ex-Vorstandschef von Daimler-Benz, sieht durch sie «eine Grenze überschritten», deren «Missachtung nicht mehr nachzuvollziehen» sei. Die «Schutzvereinigung der Wertpapierbesitzer», wahrlich keine radikale Linke, hat soeben ein Gehalt von zehn Millionen Euro zur absoluten Grenze erklärt, doch ihr Präsident korrigierte sogleich, dass fünf Millionen Euro eine akzeptable Höchstsumme verkörperten, denn «dafür kriegt man alle guten Leute». Bisher hat auch Bundestagspräsident Norbert Lammert die «gigantischen Einkommensunterschiede, die nicht zu rechtfertigen sind» kritisiert. Er erklärte sich «fassungslos über die Skrupellosigkeit, mit der solche Riesengehälter durchgesetzt werden». Während die Reallöhne seit Jahren stagnierten, habe eine «auffällige Veränderung» nur «in den Vorstandsetagen» stattgefunden.

Im Bann der neoliberalen Politik wurde auch die Steuerbelastung für die Alt- und Neureichen drastisch abgemildert. Zurzeit gilt, dass die Besteuerung von Kapitaleinkünften deutlich geringer ausfällt als die Steuer auf Einkommen aus Arbeit. Die Kapitalertragsteuer liegt bei 25 Prozent, die Belastung des Arbeitseinkommens bei bis zu 45 Prozent. Am Anfang der 80er Jahre lagen Gewinn-, Vermögens- und Lohnsteuer mit 28 Prozent noch in etwa gleich auf. Seitdem wurde die Mehrwert- und Mineralölsteuer auf 38 Prozent angehoben, die Gewinnsteuer dagegen auf 15 Prozent abgesenkt. Die Vermögenssteuer wurde nach einer Intervention des Bundesverfassungsgerichts, der man sofort mit einer Neufassung der gesetzlichen Grundlage hätte begegnen müssen, seit 1995 gar nicht mehr erhoben – zum Erstaunen jener EU-Länder, die diese Steuer erheben. Die Tabaksteuer ist ungleich höher als die Steuer auf Kapitalgewinne. Vermögensbezogene Steuern erreichen gerade einmal 2,3 Prozent der Fiskaleinnahmen anstatt die fünf Prozent in allen anderen OECD-Ländern. Die Abgabenquote bei höheren Gehältern liegt bei 33,7 Prozent, die Steuer aus Erbschaften bei grotesken 1,7 Prozent des Bruttoinlandsprodukts. Die neue Erbschaftsteuer ist überdies sofort durch Freibeträge und Ausnahmeregelungen durchlöchert worden. Daher schrumpfen die Beträge aus ihr, obwohl die vererbten Nachlässe immer größer werden.

Der Bundesfinanzhof hat daher zu Recht bezweifelt, dass die reformierte Erbschaftssteuer überhaupt noch verfassungsgemäß sei. Das Bundesverfassungsgericht hat jetzt das Entscheidungsurteil zu fällen. Die Bilanz: Die Lohn-, Umsatz- und Verbrauchsteuern ergeben 80 Prozent des gesamten Steueraufkommens, die Unternehmens- und Gewinnsteuern erreichen dagegen nur mehr 12 Prozent. Das deutsche Steuersystem enthüllt in eklatantem Maße die Ungleichbelastung von Kapitalbesitzern und «normalen» Arbeitnehmern. Von einer Steuerreform, die sich Gerechtigkeitsvorstellungen über die Verteilung des erwirtschafteten Sozialprodukts annähert, ist wegen der mächtigen Contra-Lobby keine Rede.

Es bleibt bisher eine offene Frage, weshalb sich nur geringer Widerstand gegen die maßlose Einkommens- und Vermögenssteigerung regt. Immerhin besetzen die Gewerkschaften die Hälfte der Sitze in den Aufsichtsräten; ihre Vertreter sitzen auch in den Vorständen, wo Gehalts- und Bonifragen, wie gern betont wird, im Konsens entschieden werden. Werden solche heiklen Entscheidungen einfach abgenickt? Und auf den Aktionärsversammlungen kommt für gewöhnlich eine Zustimmung von 90 Prozent zustande. Kritiker genießen den Rang esoterischer Pedanten oder exotischer Außenseiter. Im Grunde geht es hier keineswegs um die vielfach behauptete Durchsetzung genuiner Marktkräfte, wie das die hegemoniale Neoklassik in den

USA, in Großbritannien und Deutschland behauptet, sondern um klassische Herrschaftsentscheidungen in einer kleinen Arena, wo wenige Männer das Sagen haben.

Wie lange wird die Einkommens- und Vermögenskonzentration an der Spitze noch hingenommen, während die Mittelklassen seit mehr als acht Jahren die Stagnation ihrer Realeinkommen erleben? Die verblüffende Geduld, mit der diese Konstellation hingenommen wird, beruht wesentlich auf der Tatsache, dass die Bundesrepublik noch immer zu den fünf reichsten Ländern der Welt gehört und außer einem relativ hohen Einkommensdurchschnitt perfektionierte sozialstaatliche Leistungen bietet.

Trotz der innenpolitischen Ruhe ist die krasse Ungleichverteilung der Einkommen und des Vermögens, überhaupt der Lebenschancen äußerst gefährlich. Denn zur Legitimationsgrundlage der Bundesrepublik gehört seit langem, dass das erwirtschaftete Sozialprodukt einigermaßen gerecht verteilt wird. Das war 40 Jahre die Leistung pragmatisch kooperierender Unternehmen und Gewerkschaften. Jetzt aber lassen sich die krassen Unterschiede nicht mehr rechtfertigen, zumal die Mittelklassen und Unterschichten unter der Stagnation der Realeinkommen leiden. Auch diese Konstellation wird ja gerne «als alternativlos» hingestellt. Unstreitig bedarf es jetzt politischen Drucks, der endlich zu angemessenen Reformen führt: Insofern steht mit der Ungleichheitsbewältigung auch die viel gerühmte Reformfähigkeit der Bundesrepublik auf dem Spiel.

Anmerkungen

Vorwort

1 Vgl. Krisenherde des Kaiserreichs 1871–1918, Göttingen 1979²; Historische Sozialwissenschaft u. Geschichtsschreibung, ebd. 1980; Geschichte als Historische Sozialwissenschaft, Frankfurt 1980³; Preußen ist wieder chic, ebd. 1983; Aus der Geschichte lernen? München 1988; Die Gegenwart als Geschichte, ebd. 1995; Politik in der Geschichte, ebd. 1998; Die Herausforderung der Kulturgeschichte, ebd. 1998; Umbruch u. Kontinuität, ebd. 2000; Konflikte zu Beginn des 21. Jahrhunderts, ebd. 2003; Notizen zur deutschen Geschichte, ebd. 2007; Land ohne Unterschichten, ebd. 2010.

1. Die Deutschen und der Kapitalismus

1 Aus der einschlägigen Literatur werden hier nur einige besonders aufschlussreiche Titel genannt: C. J. Kraus, Vermischte Schriften, I, 9; II, 12 f., 1808/ND 1970; N. Washok, A. Smith in Germany 1776–1932, in: H. Mizuta u. C. Sugiyama, Hg., A. Smith, Houndsmill 1993, 163–80; H. Medick, Naturzustand u. Naturgeschichte der bürgerlichen Gesellschaft. Die Ursprünge der bürgerlichen Sozialtheorie als Geschichtsphilosophie u. Sozialwissenschaft, Göttingen 1973; F. Oz-Salzberger, Translating the Enlightenment. Scottish Civic Discourse in 18th Century Germany, Oxford 1995; G. Lukács, Der junge Hegel, Berlin 1954; R. Hansen, Der Methodenstreit in den Sozialwissenschaften zwischen G. Schmoller u. K. Menger, in: A. Diemer, Hg., Beiträge zur Entwicklung der Wissenschaftstheorie im 19. Jh., Meisenheim 1968, 137–73; J. Backhaus, Hg., G. v. Schmoller u. die Probleme von heute, Berlin 1993; M. Bock u. a., Hg., G. Schmoller heute, ebd. 1989; P. Schiera u. F. Tenbruck, Hg., G. Schmoller in seiner Zeit, ebd. 1988. R. Swedberg, Max Weber and the Idea of Economic Sociology, Princeton 1998;

ders., The Economic Sociology of Capitalism, in: V. Nee u. ders., Hg., The Economic Sociology of Capitalism, ebd. 2005, 3–40; ders., Principles of Economic Sociology, ebd. 2003; N. J. Smelser u. ders., Hg., Handbook of Economic Sociology, ebd. 1994; J. A. Schumpeter, Geschichte der ökonomischen Analyse I, Göttingen 1965/ND 2007; vgl. H.-U. Wehler, Die neue Umverteilung – Soziale Ungleichheit in Deutschland, München 2013; J. Kocka, Der Kapitalismus u. seine Krisen in historischer Perspektive, ders., Arbeiten an der Geschichte, Göttingen 2011, 307–22, 390–95; in: ders., Geschichte des Kapitalismus, München 2013; J. Z. Muller, The Mind and the Market. Capitalism in Western Thought, N. Y. 2003; P. Plickert, Wandlungen des Neoliberalismus, Stuttgart 2008; W. Streeck, Re-Forming Capitalism, Oxford 2009; H. Schmidt, Außer Dienst, München 2008.

4. Das Hitler-Regime: charismatische Herrschaft oder manipuliertes Propagandaprodukt?

1 Als Herausgeber der «Neuen Historischen Bibliothek» war ich damals glücklich, einen derart kompetenten Autor gewonnen zu haben.
2 L. Herbst, Komplexität u. Chaos. Grundzüge einer Theorie der Geschichte, München 2004.
3 Ders., Hitlers Charisma, Frankfurt 2010.
4 Kein Wunder, dass eins der Häupter der «strukturalistischen» Schule, Hans Mommsen, Herbsts Kritik übernimmt: Die Messiasrolle sei, bestätigt er, eine «Erfindung» früher Gesinnungsgenossen», das Charisma gehe mithin auf eine «Legende» zurück. Rezension von Herbst in: Süddeutsche Zeitung 17. 5. 2010.
5 M. R. Lepsius, Das Modell der charismatischen Herrschaft u. seine Anwendbarkeit auf den «Führerstaat» Adolf Hitlers, in: ders., Demokratie in Deutschland, Göttingen 1993, 95–118; M. Bach, Die charismatischen Führerdiktaturen, Baden-Baden 1990.
6 Nur zu bereitwillig hätte ich auch dezidierte Kritik statt eines kargen Titelhinweises auf meine «Gesellschaftsgeschichte» (Bd. IV, 2001) gelesen, die auf den Spuren von Lepsius, Kershaw u. a. ausführlicher für die Erklärungskraft der «Charismatischen Herrschaft» eintritt. Zu Hitlers charismatischer Herrschaft vgl. daher H.-U. Wehler, Deutsche Gesellschaftsgeschichte IV: 1914–49, München 2003/2008³, 542–63, 623–35.

10. Eine Glanzleistung der modernen Kriegsgeschichte

1 Christian Hartmann, Wehrmacht im Ostkrieg 1941/42, München 2009.

15. Aufstiegsmobilität und Soziale Ungleichheit in der Bundesrepublik

1 Vgl. Wehler, Deutsche Gesellschaftsgeschichte V: 1949–90, München 2008², 108–215.

16. Der Pyrrhussieg der Quotengegner

1 Vgl. Wehler, Neue Umverteilung, Abschnitt 9.

18. Alys neuer Irrweg

1 G. Aly, Warum die Deutschen? Warum die Juden? 1800–1933, Frankfurt 2011.

19. Gilt der «Primat der Sicherheit»?

1 Eckart Conze, Die Suche nach Sicherheit. Eine Geschichte der Bundesrepublik Deutschland von 1949 bis in die Gegenwart, München 2009.

Bibliographische Notiz

1. G. Budde Hg., Kapitalismus, Göttingen 2011, 34–39.
2. M. Stolleis Hg., Herzkammern der Republik, München 2011, 239–40.
3. SPIEGEL Hg., Die «SPIEGEL-Affäre», München 2013.
4. FAZ 20. 7. 2011.
5. Die ZEIT 7. 10. 2010.
6. FAZ 10. 3. 2012.
7. Festschrift Josef Mooser, Göttingen 2012, 187–94.
8. Berliner Debatte Initial 21.2010, 101–5.
9. Festschrift Manfred Schmidt, Wiesbaden 2013, 61–67.
10. Süddeutsche Zeitung 25. 5. 2010.
11. Zur Ehrenpromotion von Fritz Stern an der Universität Oldenburg 2013.
12. Süddeutsche Zeitung 26. 7. 2012.
13. Festschrift C. Leggewie, Frankfurt 2010, 284–87.
14. Ungedruckt.
15. Vodafone-Stiftung, Hg., Transmission 1.2009, 24–33.
16. Die ZEIT 27. 9. 2012.
17. Ungedruckt
18. FAZ 13. 12. 2011.
19. Die ZEIT 23. 7. 2009.
20. Die ZEIT 7. 2. 2013.

Personenregister

Abel, Wilhelm 81
Abendroth, Wolfgang 99
Achenwall, Gottfried 94
Adenauer, Konrad 46 f.
Ahlers, Conrad 46 f., 49
Aly, Götz 12, 150–153
Augstein, Josef 46
Augstein, Rudolf 8, 45–47, 49 f.

Bach, Maurizio 56
Baker, James 130
Barzun, Jacques 109
Bayly, Christopher A. 37
Beck, Kurt 60
Beck, Ulrich 134, 139
Becker, Hans Detlev 46
Bergsträsser, Arnold 99
Bernstein, Eduard 25
Beyme, Klaus von 89, 91, 93, 102 f., 156
Biedenkopf, Kurt 63
Birg, Herwig 63
Bismarck, Otto von 110, 130
Blanc, Louis 25
Blaschke, Olaf 152
Bleichröder, Gerson 110
Bluntschli, Johann Caspar 95
Böckenförde, Ernst-Wolfgang 120
Boenisch, Peter 50
Bourdieu, Pierre 101, 135, 139
Bracher, Karl Dietrich 47 f., 88, 99, 102

Brandt, Willy 48
Braudel, Fernand 88
Brentano, Lujo 22
Brüning, Heinrich 99
Bryce, James 96
Bücher, Karl 73
Bürklin, Wilhelm 139
Bullock, Alan 54
Burckhardt, Jacob C. 54
Burgess, John 96
Bush, George H. W. 130
Bush, George W. 132

Chomeini, Ruhollah 87
Clark, Gregory 72
Conze, Eckart 7, 154–157
Conze, Werner 90
Craig, Gordon A. 110

Dahrendorf, Ralf 120, 138
Darwin, John 72, 131 f.
Diepgen, Eberhard 129
Dogan, Mattei 137
Dulles, John Foster 123

Erhard, Ludwig 49, 157
Eschenburg, Theodor 99
Eucken, Walter 26
Eynern, Gerd von 99

Feldman, Gerald 110
Ferguson, Adam 20
Fest, Joachim 50, 54 f.

Flechtheim, Ossip K. 99
Findlay, Robert 72
Fischer, Fritz 48, 111
Foertsch, Friedrich 45
Forsthoff, Ernst 11, 146–149
Foucault, Michel 87
Fraenkel, Ernst 85, 88, 98
Franz, Günther 81
Freisler, Roland 49
Freyer, Hans 26
Friedman, Milton 28, 31
Fulbrook, Mary 154

Gablentz, Otto Heinrich von der 99
Gabriel, Sigmar 61
Gall, Lothar 101
Gehlen, Arnold 26
Geißler, Rainer 100, 143
Genscher, Hans-Dietrich 130
Gerschenkron, Alexander 19, 88
Geyer, Michael 154
Glatzer, Wolfgang 100
Goebbels, Joseph 57 f., 127
Görtemaker, Manfred 154
Goldhagen, Daniel 111
Goldstone, Jack 72
Goltz, Theodor von der 80
Goody, Jack 72
Gorbatschow, Michail 130 f.
Grimm, Dieter 120
Gurland, Arcadius 99

Habermas, Jürgen 86, 120
Haffner, Sebastian 55
Halder, Franz 106
Hamilton, Richard 87
Harlan, Veit 36
Harpprecht, Klaus 50

Hartmann, Christian 10, 106–108
Hartmann, Michael 100, 140
Hayek, Friedrich August von 28, 31
Hegel, Georg W. F. 20 f., 23, 26, 31, 54
Heidegger, Martin 26
Henning, Friedrich-Wilhelm 81
Hennis, Wilhelm 155
Herbert, Ulrich 112
Herbst, Ludolf 53–59
Heye, Hellmut G. 51
Hildebrand, Bruno 21, 94
Hildebrand, Klaus 54
Hillgruber, Andreas 54
Hintze, Otto 85, 95 f., 98
Hirschman, Albert 7, 32
Hitler, Adolf 8, 50, 53–59, 106, 110, 119, 121, 125, 127, 147, 153
Hobsbawm, Eric 88, 121
Hockerts, Hans Günter 101
Hodenberg, Christina von 44, 49 f., 157
Höcherl, Hermann 46
Honecker, Erich 123, 128
Hradil, Stefan 100
Huber, Ernst Rudolf 97

Jacobi, Claus 50
Jarausch, Konrad 154
Jellinek, Georg 96, 98
Jelzin, Boris N. 131
Jones, Eric 72
Jünger, Ernst 26
Justi, Johann H. Gottlob von 19

Kant, Immanuel 17
Kaufmann, Franz-Xaver 101
Kennan, George 123

Kennedy, John F. 28, 123
Kershaw, Ian 55 f., 153
Keynes, John Maynard 27 f.
Kielmansegg Peter Graf 154
Knapp, Georg Friedrich 22, 80
Knies, Karl 21, 94
Kocka, Jürgen 90, 120
König, René 85, 90
Kohl, Helmut 130
Koselleck, Reinhart 90
Kraus, Christian Jacob 17–19
Krelle, Wilhelm 136, 161
Kuznets, Simon 67

Lafontaine, Oskar 130
Lagarde, Paul de 109
Lammert, Norbert 163
Landes, David 72, 88
Langbehn, Julius 109
Leonhard, Jörn 112
Lepsius, M. Rainer 56, 81, 90 f., 120
Leyen, Ursula von der 142, 145, 159
Löwenthal, Richard 88, 98, 155
Lüth, Paul 36
Luhmann, Niklas 87, 139
Lukács, Georg 20

Maier, Hans 38
Mannheim, Karl 117
Marshall, Alfred 20
Martin, Alfred 46
Marx, Karl 25 f., 74, 80, 99, 121, 125, 127, 130, 135, 139, 150
Mayer, Arno 110
Mayer, Klaus Wolfgang 100
Mayer, Otto 35
Meier, Christian 120
Meiners, Christoph 94

Meitzen, August 80
Menger, Carl 24
Merkel, Angela 9, 11, 61, 142, 144, 158
Merseburger, Peter 50
Miegel, Meinhard 63
Mill, John Stuart 24
Millar, John 20
Mises, Ludwig von 27 f.
Mitterrand, François 130
Moeller van den Bruck, Arthur 109
Mohl, Robert von 95
Mokyr, Joel 72
Mommsen, Hans 120
Mommsen, Theodor 96
Mommsen, Wolfgang 120
Mosse, George 151
Müller-Armack, Alfred 26 f.
Mussolini, Benito 54, 57, 120

Nipperdey, Thomas 120

O'Rourke, Kevin 72
Osterhammel, Jürgen 72 f.

Paczensky, Gert von 50
Polanyi, Karl 88
Pomeranz, Kenneth 72
Popper, Karl Raimund 24, 87
Prinz, Alois 50
Pütter, Johann Stephan 94
Puhle, Hans-Jürgen 81

Ranke, Leopold von 84, 95
Reagan, Ronald 28, 67, 104
Reding, Viviane 144, 158
Reemtsma, Jan Phillip 106
Reif, Heinz 82
Renner, Karl 138

Reuter, Edzard 163
Ricardo, David 20
Ringer, Fritz 153
Ritter, Gerhard 47 f., 85 f.
Ritter, Gerhard A. 85, 99, 101
Rösler, Philipp 12, 158 f.
Roscher, Wilhelm 21, 94
Rostow, Walt W. 73
Rotteck, Karl von 95
Rürup, Reinhard 120
Rüstow, Alexander 26
Rüthers, Bernd 146–148

Sarrazin, Thilo 8 f., 60–64
Schelsky, Helmut 119
Schieder, Theodor 85
Schiller, Karl 27
Schlözer, August Ludwig von 94 f.
Schmid, Carlo 99
Schmidt, Helmut 29, 109
Schmidt, Manfred G. 89, 91, 101, 156
Schmitt, Carl 26, 40, 97, 146 f.
Schmoller, Gustav 22–24, 31 f., 73, 81, 96, 98, 104
Schorske, Carl 110
Schröder, Kristina 142, 144
Schumacher, Kurt 157
Schumpeter, Joseph A. 88, 98, 103, 141
Seibt, Gustav 153
Sheehan, James J. 110
Smith, Adam 17–21, 26, 31 f., 87
Sombart, Werner 22, 26, 73, 80, 134
Sonnenfels, Joseph von 19
Sontheimer, Kurt 99
Spittler, Ludwig Timotheus 94
Stammberger, Wolfgang 46
Stammer, Otto 99

Stehle, Hans-Joachim 51
Stein, Lorenz von 22, 95
Steinbrück, Peer 163
Stern, Fritz 10, 109–111
Sternberger, Dolf 99
Stoiber, Edmund 38
Strauß, Franz Josef 45–47, 51
Streeck, Wolfgang 7, 32, 88, 90 f., 102, 104

Teltschik, Horst 130
Thatcher, Margaret 28, 67, 104, 130
Thompson, Edward P. 121
Treitschke, Heinrich von 95
Trilling, Lionel 109
Turner, Henry A. 110

Ulbricht, Walter 123

Vollmar, Georg von 25
Vries, Peer 72

Wagenknecht, Sahra 128
Wagner, Adolph 22
Walden, Matthias 50
Weber, Max 7 f., 22, 24, 31 f., 53, 55 f., 80 f., 85 f., 89, 95 f., 98, 134, 155
Welcker, Karl-Theodor 95
Westerwelle Guido 158
Wildemann, Horst 139
Winkler, Heinrich August 120, 154
Winterkorn, Martin 163
Wirsching, Andreas 65–68, 154
Wolf, Christa 125
Wolfrum, Edgar 154
Wulff, Christian 9

Zapf, Wolfgang 100

Hans-Ulrich Wehler bei C.H.Beck

Die neue Umverteilung

Soziale Ungleichheit in Deutschland
4. Auflage. 2013. 192 Seiten. Klappenbroschur
Beck Paperback Band 6096

«Leidenschaftliche Studie»
Süddeutsche Zeitung

Deutsche Gesellschaftsgeschichte

*Bd. 1: Vom Feudalismus des Alten Reiches bis zur
Defensiven Modernisierung der Reformära 1700–1815*
4. Auflage. 2007. XI, 676 Seiten. Leinen

*Bd 2: Von der Reformära bis zur industriellen
und politischen Deutschen Doppelrevolution 1815–1845/49*
4. Auflage. 2005. XI, 914 Seiten. Leinen

*Bd. 3: Von der ‹Deutschen Doppelrevolution› bis zum Beginn
des Ersten Weltkrieges 1849–1914*
2. Auflage. 2007. XVIII, 1515 Seiten. Leinen

*Bd. 4: Vom Beginn des Ersten Weltkrieges bis zur Gründung
der beiden deutschen Staaten 1914–1949*
3. Auflage. 2008. XXIV, 1173 Seiten. Leinen

Bd. 5: Bundesrepublik und DDR 1949–1990
2008. XVIII, 529 Seiten. Leinen

Verlag C.H.Beck München